Der **Hund** als **Reitbegleiter**

W0342391

Der **Hund** als **Reitbegleiter**

Mit richtiger Erziehung zur harmonischen Partnerschaft

Von Manuela van Schewick und
Perdita Lübbe-Scheuermann

CADMOS
PFERDEBÜCHER

Copyright © 2002 by
Cadmos Verlag GmbH, Lüneburg
Gestaltung und Satz:
Ravenstein Brain Pool, Berlin
Titelfotos und Fotos: Christine Steimer
Zeichnungen: Esther von Hacht
Druck: Westermann Druck, Zwickau

Alle Rechte vorbehalten.
Abdrucke oder Speicherung in
elektronischen Medien nur nach
vorheriger schriftlicher Genehmigung
durch den Verlag.

Printed in Germany.

ISBN 3-86127-526-0

Inhalt

Inhalt

5

6

7 

Die Arbeit mit Hund und Pferd 66

8 

Problem- und Gefahrensituationen 73

9 

Ein Schlusswort 79

Danksagungen

Ein herzliches Dankeschön sage ich allen, die mir bei der Arbeit an diesem Buch mit Rat und Tat zur Seite standen, insbesondere Katja Bujakowski und Manfred Lessenich, Marion Möller, Annette Panz, Katja Bleser-Drolshagen, Horstmar Schöne, Frau Janoschka, Mechthild Meurer.
Ein besonderer Dank gilt auch meinen Kindern Maria, Florian, Cornelia und Elisabeth, die wieder einmal viel Verständnis für die schreibende Mutter hatten!
Manuela van Schewick

Ich bedanke mich bei meinen Eltern, meiner Familie, insbesondere meinem Mann Ralf, bei Anne Neumann, Iris Franzke, Petra Führmann, Petra Grammel, Dres. Gehb und allen „Helferchen" von der Konfurter Mühle, Herrn Gullery, Volker Tietze und allen
anderen Menschen, die mich begleitet haben und mich mögen.
Perdita Lübbe-Scheuermann

Wir bedanken uns ebenso bei den Kollegen Günther Bloch, Gudrun und Uwe Brauns und Angelika Lanzerath und bitten jene um Nachsicht, deren Namen wir – zu dieser fortgeschrittenen Stunde – aufzuzählen vergessen haben.
Manuela van Schewick
Perdita Lübbe-Scheuermann

Freizeit mit Pferd und Hund

1

Dem Alltag entfliehen, dem Wind entgegenreiten und sich dabei gelassen am munteren Wuseln des Hundes erfreuen: Klingt kitschig, trifft es aber, zumindest häufig. Es ist schon ein Stückchen Freiheit, das man da genießt, wenn man mit Pferd und Hund unterwegs ist! Die Landschaft genießen, nicht unnötig reden müssen, und die schwierigste Entscheidung ist die, welche Richtung man einschlägt.

Sind Sie, Ihr Pferd und Ihr Hund bereits auf diesem Pfad unterwegs, brauchen Sie dieses Büchlein eigentlich nicht mehr zu lesen. Streben Sie ihn erst an, kann es Ihnen vielleicht ein wenig helfen, damit Ihr Traum nicht zum Albtraum wird.

Schauen wir uns alte Stiche und Gemälde an, auf denen Pferde abgebildet sind, finden wir in den meisten Fällen auch Hunde dabei. Dort, wo das Pferd dem Menschen zu Diensten war, war es meist auch der Hund. Ob es die Meute bei der Jagd war, der Terrier im Stall, der Dalmatiner an der Kutsche oder der Bauernhund auf dem Feld, sie war immer selbstverständlich, diese Nähe.

Das Ziel: die Freizeit mit Pferd und Hund genießen

Für alle Beteiligten nicht ungefährlich: der unerzogene Hund!

Und wie sieht es heute aus? Schaffen wir scheinbar so hoch zivilisierten Menschen mit unserem formalistischen und technisierten Denken es immer noch, diese selbstverständliche Nähe als eine Art Symbiose aufrecht zu erhalten?

Mal ehrlich, wie oft haben Sie sich schon geärgert, wenn wieder einmal irgendwelche unerzogenen Reiterhunde ohne Rücksicht auf Verluste durch den Stall tobten, weil ihnen eine falsch verstandene Freiheit zugestanden wird, die die Freiheit anderer einschränkt? Wie oft sind Sie auf Ihren Ausritten schon verfolgt worden von kläffenden Hunden, deren Besitzer natürlich eiligst versicherten „Der macht nichts, der will nur spielen“? Oder sind Sie gar selbst im Besitz eines Hundes, dessen Ungehorsam im Stall Sie manchmal zum Wahnsinn bringt?

Wir haben uns viele Gedanken zu diesem Thema gemacht und sind der Meinung, es geht auch anders. Und das ist gar nicht so schwer!

Verantwortung und Rücksichtnahme

Sitzen Sie am Steuer Ihres Autos, kann man davon ausgehen, dass Sie gelernt haben, dieses Gerät zu bedienen und sich im Straßenverkehr korrekt zu verhalten. Sie mussten Ihr Wissen in Prüfungen nachweisen und eine Versicherung abschließen, die eventuelle Schäden abdeckt. Natürlich behaupten wir nicht, dass alle Autofahrer deshalb ritterliches Verhalten zeigen.

Begeben Sie sich mit Ihrem Pferd oder Ihrem Hund in die Öffentlichkeit, so ist zunächst einmal, abgesehen von einigen Versuchen des Gesetzgebers bezüglich bestimmter Hunderassen, keinerlei Sach-

Diese Kinder können sich glücklich schätzen, denn sie wissen, dass Kühe nicht lila sind!

kenntnis gefordert. Sie werden uns beipflichten, dass von beiden Tieren durchaus Gefahren ausgehen können, erst recht bei unsachgemäßem Umgang mit ihnen. Nur wenige Kinder wachsen in einem Umfeld auf, in dem der Umgang mit Tieren Normalität ist, in dem sie lernen, die Zusammenhänge in der Natur zu verstehen und zu akzeptieren. Und so geht dem modernen Menschen, trotz aller Fortschritte in der Forschung, der Bezug zum Tier und zur Natur immer mehr verloren.

Das Wort „Rücksichtnahme" hat in unserer Ellenbogengesellschaft einen wesentlich geringeren Stellenwert als das Wort „Selbstverwirklichung". Nur selten stoßen wir wirklich an die Grenzen des Machbaren, und diese Grenzen werden uns meist von der Natur gesetzt. Wenn wir mit Tieren umgehen, müssen wir lernen, diese Grenzen zu sehen. Selbst wenn das Wissen um das Verhalten unserer Tiere groß ist, selbst wenn wir sie gut erzogen haben und gewissenhaft mit ihnen umgehen, bleibt immer noch ein Restrisiko. Es kann durchaus passieren, dass unser sonst so gelassenes Pferd sich erschreckt und auf die Straße springt, dass unser Hund sich doch einmal spontan um Nachbars Katze „kümmert". Das Wissen um diese Gefahr sollte eigentlich auch verantwortungsbewusstes Handeln nach sich ziehen. Spielen Sie nicht auch noch in der „Das hat er noch nie gemacht!"-Liga mit!

Wenn wir Reiter und Hundemenschen so manches Mal auf einen kritisch schauenden Förster stoßen, dann sollten wir ihn vielleicht, bevor wir über seine Verdrießlichkeit schimpfen, fragen, was er schon so erlebt hat mit unseresgleichen. Es gibt keinen Grund, dass unsere Hunde das Wild zu Tode hetzen, es

Eine positive Begegnung!

gibt keinen Grund, den neu angelegten Waldweg durch ein kleines Privatrennen zu zerstören oder den Spaziergängern vor den Kinderwagen zu galoppieren, keinen – außer Egoismus!

Rechtliche Aspekte

Sollte ein Jurist zu den Lesern dieses Buches zählen, der noch ein Thema für seine Doktorarbeit sucht, so könnte sich ihm mit den unterschiedlichen Vorschriften zum Reiten und Führen von Hunden auf öffentlichem Gelände ein weites Aufgabenfeld erschließen. Allein der Versuch, alle entsprechenden Vorschriften der einzelnen Bundesländer der Bundesrepublik Deutschland hier kurz darzustellen, würde mindestens das halbe Buch in Anspruch nehmen.

Schon das Reiten im Gelände unterliegt sehr unterschiedlichen Regelungen. Während in manchen Bundesländern öffentliche Wege benutzt werden dürfen, hat sich der Reiter in anderen Regionen auf eigens angelegten Reitwegen aufzuhalten.

Es gibt bereits vereinzelt Bestrebungen, die Reiter ganz aus den Wäldern zu verbannen. In einigen Kantonen Österreichs ist es sogar so, dass Pferde außerhalb von Privatgelände überhaupt nicht geritten werden dürfen. Das Reiten jenseits der Wege – mag es auch noch so schön sein, querfeldein zu reiten – ist im Prinzip auch überall jenseits des Erlaubten!

Auch die Vorschriften zum Halten und Führen von Hunden sind in jedem Land der Bundesrepublik andere und zeichnen sich bedauerlicherweise oft auch noch durch Inkompetenz des Gesetzgebers aus! Wohnen Sie beispielsweise in Nordrhein-Westfalen und sind Besitzer eines Rottweilers, müssen Sie ihn, so Sie nicht einen entsprechenden Verhaltenstest erfolgreich absolviert haben, nach heutiger Gesetzgebung grundsätzlich angeleint und mit Maulkorb führen. Haben Sie nun das Glück, an der Grenze zu Rheinland-Pfalz zu wohnen, gehen Sie schlicht ein paar Meter weiter und können denselben Hund dort außerhalb der Bebauung frei und ohne Maulkorb laufen lassen, da er in diesem Bundesland ja nicht gefährlich ist.

Unterschiedliche Regelungen sind auch beim Waldspaziergang mit dem Hund zu beachten. Während in einigen Bundesländern im Wald grundsätzlich Leinenzwang besteht, dürfen sich diese Vierbeiner an anderen Orten auf den Wegen frei bewegen, wenn sie unter Kontrolle sind. Gehen Sie bitte nicht selbstverständlich davon aus, dass der Hund überall am Pferd mitgeführt werden darf! Auch hierzu gibt es Paragraphen.

Es wird Ihnen als verantwortungsbewusstem Hunde- und Pferdehalter also nichts anderes übrig bleiben, als sich über die für Sie geltenden Bestimmungen vor Ort zu informieren. Bei der zuständigen Kreisverwaltung oder Bezirksregierung wird man Ihnen weiterhelfen. Sollten Sie einen Auslandsurlaub mit Hund und Pferd planen, so ist dringend zu empfehlen, sich rechtzeitig über die dort geltenden Bestimmungen zu informieren. Gegebenenfalls sind dafür noch zusätzliche Impfungen erforderlich, für die Fristen einzuhalten sind. Denken Sie daran, dass bei jedem Transport der Pferdepass mitgeführt werden muss.

Die Haftung eines Tierhalters für durch seine Tiere verursachte Schäden gegenüber Dritten ist ebenfalls vom Gesetzgeber geregelt. Grundsätzlich haftet der Halter, unabhängig davon, ob der Schaden schuldhaft verursacht wurde, in unbegrenzter Höhe. Eine Haftpflichtversicherung ist dringendst anzuraten, zum Teil gesetzlich vorgeschrieben. Wir empfehlen, die Deckungssumme nicht zu gering zu wählen, da ein Moment der Unachtsamkeit bereits horrende Schäden nach sich ziehen kann. Stellen Sie sich vor, Ihr Hund erschreckt durch einen freudigen Satz in Richtung eines befreundeten Reiters dessen Pferd. Das Pferd geht durch und rennt auf die nahe gelegene Autobahn. Auch weniger dramatische Vorfälle können teuer werden! Sie müssen außerdem damit rechnen, dass nur die Hälfte des entstandenen Schadens getragen wird, wenn Ihre Tiere durch andere Tiere zu Schaden kommen, da ein grundsätzlich von jedem Tier ausgehendes Risiko zu Grunde gelegt wird.

Vielleicht sollten Sie ja doch noch über ein Jurastudium nachdenken! Zumindest aber ist es ratsam, sich gut über die Leistungen der jeweiligen Versicherungsgesellschaft zu informieren und die Angebote kritisch zu vergleichen, hier gibt es große Unterschiede.

2 Pferd und Hund – Fluchttier und Jäger

In diesem Kapitel kann es nicht darum gehen, das gesamte Verhaltensrepertoire von Pferden und Hunden aufzuzeigen und detailliert zu erklären. Zum einen würde es den Rahmen dieses Buches um ein Vielfaches sprengen, zum anderen steht diesbezüglich hervorragende Literatur zur Verfügung. Auf einige Titel werden wir im Literaturverzeichnis hinweisen. Hier sollen nur einige wichtige Punkte des Verhaltens und seiner ursprünglichen Bedeutung angesprochen werden, die bei der Zusammenarbeit mit beiden Tieren von besonderer Bedeutung sind.

Denken wir einen Augenblick über den Ursprung unserer Vierbeiner nach, dann erscheint uns dieses selbstverständlich gewordene Nebeneinander von Hund und Pferd auf den ersten Blick doch als abenteuerliche Kombination. Erwarten wir da tatsächlich von dem sensiblen Fluchttier Pferd, welches über Millionen von Jahren so manchem Raubtier willkommene Beute war, dass es uns gelassen durch die Gegend trägt, während der Nachfahre des Wolfes, also ein potenzieller Feind des Pferdes, in bedrohlicher Nähe ist? Erwarten wir tatsächlich von unserem „Raubtier" Hund, dass es den Jäger in sich überwindet und nur, um uns zu Diensten zu sein, heute mal kein Pferd frisst?

Kommen wir lieber auf den Boden der Tatsachen zurück! Tatsache ist, dass wir im Allgemeinen keine Wildpferde reiten, die abseits jeglicher Zivilisation geboren und aufgewachsen sind und deren genetisches Potenzial nicht von menschlicher Planung beeinflusst ist. Tatsache ist auch, dass wir nicht mit frisch aus der Wildnis gefangenen Wölfen zusammen leben, auf die Ähnliches zutreffen würde. Auch wenn in beiden Fällen die heutigen Erscheinungsformen ihrer wilden Vorfahren noch viele ursprüngliche Verhaltensweisen zeigen, hat doch über Jahrtausende eine selektive Veränderung stattgefunden, die heute ein unkompliziertes Zusammenleben ermöglicht.

Der Mensch hat es geschafft, für seine sehr unterschiedlichen Bedürfnisse Pferde zu züchten, die mit relativer Gelassenheit in einer heute doch recht hektischen, reizintensiven Umwelt ihre Arbeit tun. Und auch der Hund unterscheidet sich nicht nur in seiner mannigfaltigen äußeren Erscheinung vom Wolf. Selbst wenn er größtenteils noch ein recht ausgeprägtes Hetzverhalten hat, das zielgerichtete und erfolgsorientierte Jagdverhalten des Wolfes zeigt er in der Regel nicht mehr.

So unterschiedlich beide Spezies auch sein mögen, eine wichtige Eigenschaft ist ihnen gemein: Es sind hoch soziale Lebewesen, die auf die Gemeinschaft mit Artgenossen angewiesen sind. Genau aus diesem Punkt resultiert die dritte Tatsache, die in diesem Zusammenhang nicht weniger bedeutsam ist: Sowohl unsere Hunde als auch die Pferde durchlaufen in ihrer frühen Jugend Sozialisierungsphasen, in denen sozusagen gespeichert wird, welche Art von Lebewesen zu ihrer sozialen Gemeinschaft dazugehören. Lernen beide in den ersten Lebenswochen einander als selbstverständlichen Bestandteil ihres sozialen Umfeldes kennen, so ist damit in der Regel der Grundstein für eine friedliche gegenseitige Akzeptanz und soziale Bindung gelegt. Das heißt weder, dass eine Gewöhnung Pferd – Hund später grundsätzlich gar nicht mehr möglich wäre, noch, dass ein Hund, in dessen Wurfkiste auch Katzen spielten, niemals eine Katze hetzen wird! Eine solche frühe Sozialisierung erleichtert die Sache jedoch ungemein. So gelingt es beispielsweise Hirten in aller Welt, ihre Herdenschutzhunde in die Schaf- oder Ziegenherde zu integrieren. Diese Hunde leben als integrativer Bestandteil der Herde und schützen sie vor Gefahren. Selbstverständlich spielt hier auch züchterische Selektion eine Rolle.

Die vereinzelt geäußerte Theorie, ein Hund bliebe nur beim Pferd, weil er in ihm eine potenzielle Beute sieht, ist, von gelegentlichen Ausnahmefällen vielleicht abgesehen, wissenschaftlich sicher nicht zu halten. Hätten alle unsere Hunde diese Ambitionen, dann sollten wir davon ausgehen, dass das auch unsere Pferde mitbekämen! Seien Sie sicher, dann wäre „der Bär los"! Allein der Alltag im Stall widerlegt diese Theorie, und selbst die Meute bei der alljährlichen Herbstjagd, die ja nun unbestreitbar aus jagdlich hoch motivierten Hunden besteht, sieht sicher nicht ihre Aufgabe im Jagen der Pferde.

Für dieses Fohlen gehören Hunde zum Alltag.

Lauffreudige Dalmatiner als Reitbegleiter

Zum Verhalten von Pferden

Das Pferd ist nicht zufällig ein Nestflüchter! Die Natur hat es so eingerichtet, dass ein Fohlen bereits wenige Stunden nach der Geburt in der Lage ist, mit seiner Herde zu ziehen. Die Bereitschaft zur Flucht bestimmt das Leben des wild lebenden Pferdes. Seine Augen liegen seitlich am Kopf und ermöglichen es dem Steppentier, im Rundumblick seine Umwelt zu kontrollieren. Direkt vor und hinter dem Pferd befindet sich ein toter Winkel. Das Pferd besitzt nicht nur die Fähigkeit, sehr weit zu sehen, auch die Orientierung in der Dämmerung und Dunkelheit ist hervorragend. Stets auf der Hut vor Raubtieren, nimmt es jede Veränderung in der Umgebung wahr und reagiert aus Angst vor dem natürlichen Feind mit Flucht. Selbst kleine Bewegungen können es in Panik versetzen. In freier Wildbahn überlebte nur das Pferd, welches schnell reagierte und über kurze Strecken mit hoher Geschwindigkeit entkommen konnte, denn der natürliche Feind war eher der Schleichjäger, der plötzlich angriff, aber kein langes Stehvermögen auf Langstrecken besaß. Angst und blitzartiger Fluchtreflex waren also selbst- und arterhaltende Eigenschaften, Verhaltenswei-

Der Schimmel zeigt eine Drohgebärde, welche die Individualdistanz wieder herstellen soll.

sen, die von so elementarer Bedeutung waren, dass der Mensch sie mit all seinen selektiven Bestrebungen zwar auf ein für das Zusammenleben erträgliches Maß reduzieren konnte, sie wohl aber niemals ganz wird eliminieren können.

Dass Pferde sozial lebende Tiere sind, haben wir bereits angesprochen. Nicht nur das Wildpferd, sondern auch unser domestiziertes Pferd lebt, wenn man es lässt, in einer Herde mit hierarchisch angelegter Rangstruktur. Körpersprachliche Kommunikation bestimmt weitgehend das Miteinander. Souveränität und Sicherheit im Auftreten zeichnen das Verhalten eines ranghohen Tieres aus. Ein Verhalten, welches auch der Mensch, der seinem Pferd gegenüber als Alpha-Tier agieren möchte, sich zu Eigen machen sollte.

Um ernsthafte Verletzungen bei Auseinandersetzungen zu vermeiden, verfügen Pferde über ein Repertoire an Droh- und Unterwerfungsgesten. So ist beispielsweise die Körpersperre, ein Querstellen vor dem Gegner, oder das Schulterrempeln eine klare Dominanzgeste, die das Gegenüber in seiner Bewegungsfreiheit einschränken soll. Zu den eher defensiven Drohgesten gehört das Zuwenden des Hinterteils, unter anderem auch das Heben oder Stampfen eines Beines.

Während ein ranghohes Pferd sich in seiner ganzen Kraft und Größe darstellt, erscheint, wie bei anderen Tierarten auch, der Schwächere eher geduckt, mit der Tendenz auszuweichen und dem Stärkeren aus dem Wege zu gehen. Auch wenn Pferde viel Zeit auf die Nahrungsauf-

Das Fellkraulen ist eine soziale Pflegegeste.

nahme verwenden müssen, nimmt der soziale Kontakt untereinander noch einen großen Raum im Tagesablauf ein. Pflegegesten wie das Beknabbern der Mähne oder das „Fell-Kraulen" haben nicht nur pflegerischen Charakter, sondern sind eine Form der sozialen Zuwendung. Besonders intensive Pflegegesten zeigen Stuten gegenüber ihren Fohlen.

Was wir Menschen im Umgang mit Pferden berücksichtigen müssen, ist, auf den Punkt gebracht, Folgendes: Pferde sind von ihrer Veranlagung her Fluchttiere, Angst und Fluchtreflex sind lebenserhaltend. Das Leben in der Gruppe ist bestimmt durch eine hierarchische Rangstruktur. Kommunikation findet weitgehend auf körpersprachlicher Ebene statt, während die Verständigung über eine durchaus reichhaltige Palette von Lautäußerungen eine eher untergeordnete Rolle spielt. Das Pferd ist als gesellig lebendes Tier auf intensive soziale Kontakte angewiesen.

Nur der Mensch, der versteht, was sein Pferd in Mimik und Gestik ausdrückt, ist in der Lage, richtig zu reagieren. Wer von seinem Pferd verstanden und ernst genommen werden möchte, wer sein Vertrauen gewinnen und als Chef bestehen möchte, wird dies nur über die artgerechte Kommunikation mit seinem Tier erreichen.

Freundliche Grundstimmung: Der Hund wirkt relativ locker und entspannt.

Unsicherheit und Ängstlichkeit: Die Körperhaltung ist gedrückt, Kopf und Rute hängen, der Blickkontakt wird vermieden.

Unterwerfungsgesten dienen der Beschwichtigung des Gegenübers und signalisieren, dass dessen Rangstellung akzeptiert wird. Die aktive Unterwerfung, ein Lefzenstupsen, aus dem Futterbetteln entstanden, ist quasi die Bitte um freundliche Zuwendung.

In der passiven Unterwerfung, der Rückenlage, ergibt sich der Hund völlig. Mehr an Demut kann er nicht zeigen.

Zum Verhalten von Hunden

Die Antwort auf die Frage, warum so viele Menschen sich zu Hunden hingezogen fühlen, ist sicher nicht pauschal damit zu beantworten, dass Hunde irgendwelche Dienste tun, wie beispielsweise der Polizeihund oder der Hund des Schäfers. Insgesamt betrachtet, ist es nur ein Bruchteil der in unserer Gesellschaft gehaltenen Hunde, der wirklich eine Aufgabe im Sinne von „arbeiten" erfüllt. „Der Mensch moderner Prägung verän-

Der Hund wirkt steif und angespannt: er sträubt die Nackenhaare. Die Zähne im vorderen Schnauzenbereich sind deutlich zu sehen. Tiefes Knurren unterstützt die Drohung.

Bei weit aufgerissenem Maul und gebleckten Zähnen steht der Angriff unmittelbar bevor.

derte den Hund vom Arbeitstier zum Sozialkumpan" schreibt Günther Bloch (2001). Bei der fortschreitenden sozialen Isolierung innerhalb der Gesellschaft ist das nicht verwunderlich. Auch der Hund hat das Bedürfnis nach Nähe und sozialer Gemeinschaft, und seine grundsätzliche Bereitschaft und Fähigkeit, sich in unser menschliches Rudel zu integrieren, finden wir wohl bei keinem anderen Tier.

Diese Bereitschaft resultiert aus der Tatsache, dass der Stammvater unserer Haushunde, der Wolf, kein Einzelgänger ist, sondern in einer dauerhaften sozialen Gemeinschaft mit hierarchischer Rangordnung lebt. Das Kommunikationssystem, welches das Funktionieren dieser vierbeinigen Gesellschaft ermöglicht, finden wir zum großen Teil auch beim Hund wieder. Lernt der Mensch, die Sprache des Tieres zu verstehen und entsprechend diesen Regeln zu handeln, so kann auch die Kommunikation zwischen Mensch und Hund (und auch Pferd) klappen. Selbst Tiere unterschiedlicher Arten können bedingt lernen, das Ausdrucksverhalten des anderen einzuordnen, weshalb also nicht auch der Mensch!?

Hunde kommunizieren hauptsächlich nonverbal über Körpersprache, aber auch Laute spielen natürlich eine Rolle bei der Verständigung. So wird beispielsweise gebellt, um das Rudel zu warnen, oder auch ganz übermütig bei der Spielaufforderung. Die Hündin, die ihre Welpen pflegt, lässt dabei oft leise fiepende Töne hören, die wir auch zwischen sich sehr wohlgesonnenen erwachsenen Tieren wiederfinden. Tiefes Knurren hingegen bedeutet Drohung, Warnung. Es ist gewöhnungsbedürftig, besonders für unsere Umwelt, aber genau diese hohe und tiefe Stimmlage können wir uns im Umgang mit unserem Hund zunutze machen. Rufen wir den Vierbeiner mit hoher, freudiger Stimme, signalisieren wir damit positive Grundstimmung. Der Hund wird dann sicher eher kommen, als wenn wir ihm ein mürrisches „Kommst du jetzt her!" entgegenknurren. Das mit tiefer Stimme geknurrte „Nein!“ hingegen könnte ihm nachdrücklich deutlich machen, dass der ranghohe „Hund“ jetzt nicht möchte, dass der Blumentopf umgegraben wird.

Dass es in Bezug auf Rangordnung oder Durchsetzung von Privilegien nicht immer nur eine Meinung innerhalb eines Rudels gibt, ist logisch. Würden nun diese durchaus wehrhaften Tiere in freier Wildbahn immer gleich ernsthaft von ihren Zähnen Gebrauch machen, wenn es Probleme gibt, hätte dies fatale Folgen: durch ständige Verletzungen geschwächt, würden selbst- und arterhaltende Aktivitäten wie Jagd, Verteidigung des Territoriums oder Aufzucht von Welpen nahezu unmöglich.

Ein hoch entwickeltes Ausdrucksverhalten verhindert diese Katastrophe, ein Ausdrucksverhalten, das auch unsere Hunde großenteils beherrschen, vorausgesetzt wir geben ihnen die Möglichkeit zum sozialen Lernen. Durch Imponier-, Droh-, Beschwichtigungs- und Unterwerfungsgesten vermag jedes Individuum dieser Art seinem Gegenüber die eigene Stimmung sehr genau zu signalisieren.

Wirken die Drohgesten zwischen zwei Hunden auch noch so gefährlich auf uns Menschen, so dienen sie in ihrem Ursprung genau dazu, beschädigende Aggression zu verhindern. Während der eine Stärke zeigt, um seinen Konkurrenten einzuschüchtern, wird dieser gegebenenfalls durch Demutsgesten zum Ausdruck bringen, dass er sich die Sache doch anders überlegt hat. Was uns Menschen daran erschreckt, ist meist die Tatsache, dass wir diese Sprache nicht beherrschen, und das wiederum ist oft der Grund für Missverständnisse und Unfälle in der Mensch-Hund-Beziehung.

Was Hänschen nicht lernt ...

Für die Entwicklung zu einem angenehmen Rudelmitglied ist es wichtig, dass der Welpe von Anfang an in eine Sozialstruktur hineinwächst. Die Natur hat bei den meisten Tieren vorgesehen, dass die Eindrücke der ersten Lebensphasen eine besondere Bedeutung für den Rest des Lebens haben. So speichert auch der Hund in den ersten 16 Lebenswochen, wer zu seiner sozialen Gemeinschaft gehören kann. Den ersten acht Lebenswochen kommt dabei noch eine besondere Bedeutung zu. Ein Hund, der in dieser Zeit keinen oder sehr wenig Kontakt zu Menschen hat, wird mit hoher Wahrscheinlichkeit nie eine brauchbare, vertrauensvolle Bindung zu diesen aufbauen können.

Je früher der Welpe positive Erfahrungen mit Lebewesen macht, die zu seinem Umfeld gehören werden, also in diesem Fall auch mit Pferden, desto

Im Spiel mit Artgenossen übt der Welpe soziale Verhaltensweisen.

Die Beißhemmung ist dem Hund nicht angeboren. Sie muss im Welpenalter erlernt werden.

sicherer wird er in seinem Verhalten ihnen gegenüber sein.

Der Welpe beherrscht das erforderliche Verhaltensrepertoire nicht automatisch. Soziales Lernen bestimmt die ersten Lebenswochen. Da unsere Hunde im Allgemeinen nicht in Hunderudeln leben sondern eher mit Menschen, unser Droh- und Beschwichtigungsverhalten im hundlichen Sinne aber eher mangelhaft ist, müssen wir ihm die Gelegenheit geben, auch unter seinesgleichen zu lernen. Nach durchschnittlich 16 Lebenswochen ist das Gehirn des Kleinen schon zu 80 Prozent ausgewachsen. Das heißt nicht nur, dass er in dieser Zeit eine Menge speichern kann, sondern eher, dass er es muss.

Das Raubtier

Biologisch gesehen gehört der Hund zur Ordnung der Raubtiere, und selbst wenn ihm im Laufe der Domestikation vieles verloren gegangen ist, was das Verhalten von Urahn Wolf bestimmte, so bleibt ein Rest Raubtier doch erhalten. Tausende von Jahren hat der Mensch benötigt, um seinem Freund und Helfer jene Eigenschaften anzuzüchten, die für das Zusammenleben oder gar für die Zusammenarbeit wichtig sind, und um andere verkümmern zu lassen, die das Miteinander unmöglich machten, beispielsweise ausgeprägte Scheue.

Insbesondere das Jagdverhalten wurde durch gezielte Selektion stark verändert. Es variiert bei den unterschiedlichen Hundetypen von praktisch nicht mehr vorhanden bis dahin, dass es in einzelnen Teilbereichen der Jagd hoch spezialisiert ist. Die Fähigkeit des Wolfes, im Sozialverband fein aufeinander abgestimmt hoch effizient zu jagen, ist dabei weitgehend verloren gegangen. Den Erkenntnissen der modernen Verhaltensforschung zufolge erreichen unsere Haushunde, zumindest diesbezüglich,

Hat Ihr Nachbar noch Hühner?

eher nur den Reifestand eines jungen Wolfes; Ausnahmen bestätigen die Regel. Das heißt selbstverständlich nicht, dass Hunde nur grundsätzlich nicht mehr in der Lage wären zu hetzen, und gegebenenfalls zu töten. Denn was bleibt, ist die bei den meisten Typen von Hunden bestehende Bereitschaft, sich bewegende Dinge zu verfolgen und zu fangen.

Dies ist nicht unbedingt begrenzt auf Kaninchen oder Rehe, das vom Wind getriebene Blatt kann für manchen Hund ebenso interessant sein wie der Ball spielender Kinder, der Fahrradfahrer oder Jogger. Und damit sind wir wieder beim jungen Wolf, der seine jagdlichen Fähigkeiten trainiert, ohne dass, wie Dr. Erik Zimen („Der Hund") es ausdrückt, ein „Ernstbezug" vorhanden sein muss.

Ob Ernstbezug oder nicht wird unserem Pferd relativ egal sein, wenn Katzen, Kaninchen oder auch mal ein Reh in wilder Flucht, gefolgt vom Hund, plötzlich vor oder hinter ihm auftauchen. Auch das unvermittelte Jagen von Blättern oder Bällen vor seinen Füßen wird es nicht unbedingt in Begeisterung versetzen!

Was dieses Verhalten beherrschbar macht, ist die Bereitschaft, mit den Rudelmitgliedern zu kooperieren und sich in ein soziales Gefüge einzuordnen. Es liegt also an uns Menschen, ob wir uns diese Bereitschaft zunutze machen, und eine Mensch-Hund-Beziehung herstellen, die von Vertrauen und Bindung bestimmt ist. Es liegt an Ihnen, ob Sie lernen möchten, das Verhalten des Hundes zu deuten und sich umgekehrt auch ihm verständlich zu machen.

3 Besondere **Anforderungen** an das **Pferd**

Da Sie dieses Buch in der Hand haben, gehen wir davon aus, dass es Ihr Ziel ist, mit Pferd und Hund gemeinsam entspannte und stressfreie Stunden zu verbringen. Damit der erholsame Ausritt aber nicht regelmäßig am Baldriandöschen endet, sollten Sie zunächst einmal schauen, ob das Pferd, welches Sie zukünftig reiten wollen, den Anforderungen überhaupt gewachsen ist.

Ist der Mensch angespannt, überträgt sich dies auf Pferd und Hund.

Um es gleich klar zu formulieren: im Prinzip ist das, was Sie brauchen, jener Vertreter, der schlicht als „Verlasspferd" bezeichnet wird. Es ist gelassen, sicher und zuverlässig, hat großes Vertrauen zu seinem Menschen und akzeptiert ihn als Boss. Bei allem, was Sie mit Ihren Vierbeinern tun möchten, sollten Sie stets beide Tiere im Auge haben, deren Verhalten deuten können und vorausschauend agieren. Je zuverlässiger beide Tiere in ihrem Verhalten sind, desto eher kann die Freizeit mit ihnen Erholung sein.

Sollten Sie bereits im Besitz eines Pferdes sein, prüfen Sie möglichst objektiv, ob es Ihrem Vorhaben gewachsen oder damit eher überfordert ist. Fluchttier hin oder her, eine gewisse Gelassenheit in Bezug auf seine Umwelt muss gegeben sein. Das besonders temperamentvolle Pferd, das vielleicht dazu neigt, sich über jedes wehende Blatt aufzuregen, wird Ihre Aufmerksamkeit schon allein voll in Anspruch nehmen. Jedes kleine Fehlverhalten Ihres Hundes werden Sie auf dem Rücken eines solchen Pferdes viel gespannter beobachten, da Sie ja mit einer heftigen Reaktion Ihres Pferdes rechnen müssen. Dieses wiederum spürt Ihre Spannung ebenso wie Ihr Hund und so haben wir eine angespannte gegenseitige Stimmungsüber-

Ruhig und gelassen reagieren die Pferde auf die Anwesenheit des Hundes.

tragung. Diese Art von Ausritten werden Sie sich sicher nicht oft antun wollen.

Immer noch angenommen, Ihr Pferd ist bereits vorhanden und der Hund soll hinzu kommen, müssen wir ja davon ausgehen, dass der Hund sozusagen Neuland betritt, in dem das Pferd schon heimisch ist. Sprich, der unerfahrene Hund tut sich wesentlich leichter, wenn sein großer Freund bereits über ausreichende Umwelterfahrungen verfügt und sich vertrauensvoll von seinem Menschen an alle Problemsituationen heranführen lässt. Sie können gelassener an die Sache herangehen, da einer der Kandidaten ja sicheres Verhalten zeigt. Stimmungsübertragung auf der „Haben-Seite"!

Sind Sie dabei, sich für den Kauf eines Pferdes zu interessieren, sollten Sie neben der individuellen Veranlagung und der vielleicht vorhandenen Umwelterfahrung die Vergangenheit des Tieres nicht außer Acht lassen. Wie im Leben eines Hundes gibt es auch im Leben von Pferden besonders wichtige Lernphasen, so genannte Prägephasen, in den ersten Lebenswochen, wo soziale Erfahrungen von elementarer Bedeutung sind. Nicht nur der Kontakt mit Artgenossen und Menschen hat in dieser Zeit besondere Bedeutung, auch die positive Erfahrung mit Hunden während dieser Entwicklungsphase würde Ihr Vorhaben deutlich erleichtern. Freilich ist so etwas häufig nicht überprüfbar, wenn man ein älteres Pferd kauft. Hier wird Ihnen nichts anders übrig bleiben, als einmal vorsichtig zu testen, was es von Hunden hält.

Manches Pferd hat die Erfahrung gemacht, dass es sich durch Flucht der Verfolgung eines Hundes oft nicht entziehen kann. Es hat gelernt, zum eigenen Schutz mit aggressiven Verhaltensweisen auf die Nähe von Hunden zu reagieren. Bestimmen Fluchtreaktionen oder Aggression das Verhalten eines Pferdes Hunden gegenüber, besteht die Gefahr, dass sich dies nicht ganz abbauen lässt.

Wählen Sie also mit Bedacht den vierbeinigen Partner, ziehen Sie den freundlichen und nervenstarken Vertreter seiner Art dem temperamentvollen Kandidaten, der „nur in erfahrene Reiterhände“ abzugeben ist, vor. Von Vorteil ist es, wenn das Pferd bereits über eine angemessene Erziehung verfügt. Hat es über Bodenarbeit den Menschen in seiner Leitposition akzeptiert und auch schon positive Erfahrungen mit optischen und akustischen Reizquellen gemacht, wird das die Vorbereitung auf das gemeinsame Freizeiterlebnis, auf die wir in Kapitel „Die Vorbereitung des Pferdes“ noch eingehen, sehr erleichtern.

Ein recht eindrucksvolles Beispiel für negative Prägung wurde uns von Freunden berichtet, deren Labrador-Rüde durch den Angriff einer Stute fast zu Tode kam. Das Pferd hatte das erste Lebensjahr in einem Gestüt verbracht, dessen Besitzer mehrere Jack Russell Terrier sein Eigen nannte. Sollten die jungen Pferde in der Reitbahn bewegt werden, so war es Aufgabe der Terrier, auch wirklich Bewegung in die Sache zu bringen. Dies reichte, die Stute so zu prägen, dass sie Hunde grundsätzlich als Feinde sah. Das freundliche Wesen des Labrador Retrievers bewirkte ebenso wenig eine Änderung in ihrem Verhalten wie die sichere Reaktion aller anderen Pferde auf diesen Hund.

Die **Auswahl** des richtigen **Hundes**

4

Angenommen, Sie haben noch keinen Hund und sind noch in der Planungsphase, dann geben wir Ihnen hier ein paar Anhaltspunkte, die neben der Liebe auf den ersten Blick noch berücksichtigt werden sollten. Wenn Sie das nächste Mal ausreiten, können Sie sich ja einmal überlegen, was wäre, wenn Sie jetzt einen Hund dabei hätten. Was würden Sie in den unterschiedlichen Situationen von ihm erwarten, wie könnte er beispielsweise auf verschiedene Umweltreize reagieren, welche Möglichkeiten haben Sie vom Pferd aus, sein Verhalten zu beeinflussen? (Lasso werfen gilt nicht!) Die wichtigste Überlegung für die Auswahl ist: Was wollen Sie mit diesem Hund tun?

Berücksichtigen Sie, wie Ihr Pferdealltag aussieht, und welche Rolle der Hund dabei spielen soll. Wird er nur regelmäßig mit zum Stall kommen und auf Sie warten, bis Sie geritten sind? Werden Sie gelegentlich oder regelmäßig Ausritte machen, auf denen der Hund Sie begleiten soll? Oder sind sogar regelmäßige Wanderritte über längere Distanzen angesagt?

Große, schwere Hunde schätzen eher den Ritt in gemäßigtem Tempo ...

... während dieser Jack Russell sogar noch das Pferd überholt.

Körperliche Leistungsfähigkeit

Da Sie höhere Anforderungen an Ihren Hauswolf haben als andere Hundehalter, müssen Sie auch an sich höhere Anforderungen stellen, was dieses Thema angeht, und das beginnt bei den Vorüberlegungen! Selbst wenn Sie bestimmte Vorstellungen vom Exterieur des Vierbeiners haben, müssen Sie gegebenenfalls kompromissbereit sein, um Ihrem Hund später gerecht werden zu können. Was nützt Ihnen der lauffreudige Dalmatiner, der täglich zwei Stunden an der Reitbahn liegen muss, bis das Pferd genug bewegt wurde? Wie kurz sollen die Beine des Dackels noch werden, wenn er Sie täglich drei Stunden bei zügigem Tempo im Gelände begleiten soll? Vorlieben hin oder her, entweder Sie kaufen sich den Hund zu Ihrem Reitstil, oder Sie passen Ihre Reiterei dem Hund an!

Kleine Rassen, so fidel sie auch sein mögen, sind mit langen, zügigen Ritten schnell physisch überfordert. Der Jack Russell Terrier stellt hier vielleicht eine Ausnahme dar.

Ebenso wird ein großer, schwerer Hund nicht begeistert sein, wenn Sie dieses Anliegen an ihn herantragen.

Temperament und körperliche Belastbarkeit des jeweiligen Hundes sind ausschlaggebend für Ihre Wahl. Schließlich soll auch der Hund Spaß an Ihren gemeinsamen Freizeitaktivitäten haben!

Erforderliche Wesensmerkmale

Freundliches Pferd, freundlicher Hund, freundlicher Reiter – super! Ihnen möchten wir begegnen!

Doch nun mal ernsthaft betrachtet: ein freundlicher frei laufender Hund ist schon hilfreich! Ein Begleiter, der Sie so gut beschützt, dass außer Ihnen niemand mehr den Weg oder die Stallgasse passieren darf, bringt Ihnen vielleicht Sicherheit, aber keine Freunde!

Ein Fluchttier haben Sie bereits unter Ihrem Hinterteil, zeigt der andere Vierbeiner eine gewisse Sicherheit gegenüber allen Umweltsituationen, so wird das Ihre Ausritte schon positiv beeinflussen! Die Stimmungsübertragung spielt in diesem Zusammenhang eine große Rolle. Auch wenn wir davon ausgehen, dass Ihr Pferd relativ gelassen ist, wird ein Hund, der ständig in Hab-Acht-Stellung ist und Unsicherheit signalisiert, auch das ausgeglichenste Pferd dazu bringen, an seiner Einstellung zu zweifeln.

Und dann haben wir da noch den „Privatjäger“! Besonders ausgeprägte jagdliche Ambitionen sind eigentlich auch nicht das, was Ihren Ausritt entspannend gestalten wird.

Was Sie brauchen ist der freundliche, ausgeglichene Hund, der allen erdenklichen Alltagssituationen sicher gewachsen ist, dessen Temperament und Bewegungsdrang sich mit Ihren reiterlichen Vorhaben deckt und der sich willig unterordnet.

Welcher Typ ist gefragt?

Hund ist nicht gleich Hund, und das bezieht sich nicht nur auf Äußerlichkeiten. Seit Tausenden von Jahren züchtet der Mensch Hunde, die ihm auf unterschiedliche Art bei der Arbeit helfen oder einfach zur Gesellschaft da sind. Er vermehrt Hunde, die bestimmte Fähigkeiten und Wesensmerkmale zeigen und somit für ihr jeweiliges Aufgabengebiet besonders geeignet sind. Da der Schäfer keinen Apportierhund und der Jäger keinen Schlittenhund benötigt, ist also klar, dass Hunde, die für unterschiedliche Aufgaben gezüchtet wurden, sehr unterschiedliche Eigenschaften haben müssen.

Mit unterschiedlichem Temperament und sehr verschiedenen Wesensmerkmalen stellt jeder Hundetyp natürlich stark differenzierte Anforderungen an sein Umfeld und seine Menschen. Da jeder Hund ein Individuum ist, kann es selbst innerhalb einer Rasse recht große Unterschiede im Wesen geben. Häufig wird unterschieden zwischen Schönheits- und Leistungslinien. Bei letzteren wird deutlich mehr Wert auf die rassespezifischen Arbeitsanlagen des Hundes gelegt. Sie eignen sich also nicht unbedingt für den durchschnittlichen Hundehalter, der ihre Fähigkeiten gar nicht nutzen will, sie eher als störend empfindet. Entscheiden Sie sich beispielsweise für einen Labrador Retriever aus jagdlicher Leistungszucht, würde dieser gegebenenfalls ebenso an Ihnen verzweifeln wie Sie an ihm, wenn Sie ihn nicht seiner Veranlagung entsprechend auslasten möchten oder können. Beim nicht ausgelasteten Hund, egal welcher Rasse, sind Verhaltensauffälligkeiten vorprogrammiert!

Rassehund oder Mischling? Informieren Sie sich gut, bevor Sie sich entscheiden.

Bedenken Sie, dass Sie sich in einem Umfeld aufhalten, in dem Sie erfahrungsgemäß vielen Hunden begegnen. Ist der eigene nicht auf gelegentliche Kämpfchen aus, schont das die Nerven aller Beteiligten ungemein, ebenso Ihre Kasse (Sie brauchen kein Geld für Baldrian oder Tierarztrechnungen auszugeben).

Sollten Sie sich für einen Rassehund entscheiden, ist es sinnvoll, sich nicht nur mit entsprechender Literatur zur jeweiligen Rasse vertraut zu machen, sondern Erfahrungen von Züchtern, Tierärzten, Hundetrainern oder anderen Hundebesitzern zu erfragen. Vorsicht bei Rassebeschreibungen, die eine Rasse nur positiv darstellen und nicht auf Probleme oder besondere Ansprüche dieser Hunde hinweisen!

Bei weit über 400 Hunderassen und noch viel mehr Möglichkeiten der Mischungen daraus halten wir es nicht für sinnvoll, Ihnen hier bestimmte Rassen zu empfehlen. Im Folgenden soll vielmehr auf Besonderheiten einzelner Typen von Hunden hingewiesen werden, die bei Ihrer Wahl hilfreich sein könnten.

Terrier

Sie werden wohl kaum einen Reitstall finden, in dem Ihnen kein Jack Russell Terrier begegnet! Diese munteren Gesellen sind aus der Reiterwelt kaum wegzudenken. Trotzdem bringen sie so manchen ihrer Besitzer zur Verzweiflung, der vor dem Kauf des niedlichen kleinen Fellknäuels nicht ahnte, was Terrier sind.

Welsh Terrier sind kleine „Löwenherzen". Kein Gegenüber ist ihnen zu groß.

Fast alle Terrierrassen wurden ursprünglich zu Jagdzwecken gezüchtet. Ihre Aufgabe war es, und ist es zum Teil heute noch, Wild und Raubwild zu stellen und zu töten. Insbesondere die kleinen Terrierrassen wie Jack Russell-, West-Highland-, Fox-, Cairn- oder Jagdterrier wurden für die Jagd auf Dachs, Fuchs oder Ratten auf besondere Furchtlosigkeit und Unerschrockenheit selektiert. Sie durften beispielsweise gegenüber dem hundeartigen Raubtier Fuchs keine Unterwerfungsgesten zeigen, aber auch keine akzeptieren. Gegen Bisse muss der Terrier unempfindlich sein, denn die gibt es schon mal bei dieser Arbeit.

Terrier sind Kämpfernaturen. Der Wille sich unterzuordnen ist bei ihnen meist wenig ausgeprägt, leider oft auch die Bereitschaft, Unterwerfungsgesten von Artgenossen zu akzeptieren. Im Umgang mit anderen Hunden kann das durchaus zum Problem werden. Auch der Mensch tut sich auf Grund dieser züchterischen Selektion nicht immer ganz leicht mit diesen ausdauernden und willensstarken Zeitgenossen. Geduld und Konsequenz des Terrierbesitzers werden oft auf eine harte Probe gestellt.

Hütehunde

Die ursprüngliche Aufgabe dieses Hundetyps ist es, die Herde zu treiben, zu lenken und zusammenzuhalten. In nahezu perfekter Zusammenarbeit mit dem Schäfer reagieren sie zuverlässig auf kleinste Zeichen und diverse Pfeiftöne, zeigen aber gleichzeitig Selbstständigkeit im Handeln, wenn die Situation es erfordert. Einzelne Sequenzen aus dem Jagdverhalten, beispielsweise das Fixieren und Anschleichen, sind bei einigen Rassen extrem ausgeprägt, da sie zum Treiben der Viehherden erforderlich sind. Bei Rassen, die Rinder hüten, kommt noch das Packen in die Beine hinzu, was in Bezug auf die Begleitung am Pferd problematisch sein kann.

Die sensiblen Hunde sind sehr auf den engen Kontakt zu ihren Menschen angewiesen und schätzen eher das etwas ruhigere Umfeld. Arbeitseifer und Temperament dieser Rassen, zu denen beispielsweise die Collies oder der Australian Shepherd zählen, fordern mehr als nur ein wenig Bewegung täglich. Sie wollen lernen, arbeiten, eine Aufgabe haben. Haben sie keine, hüten sie alles, was sich nicht wehrt: Ihre Familie beim Spaziergang, die Pferde auf der Weide oder beim Ausritt, und wenn sie damit fertig sind, gestalten sie Ihr Haus neu, und dies nicht unbedingt in Ihrem Sinne.

Herdenschutzhunde (Hirtenhunde)

Viele dieser Hunde finden wir heute noch in Asien oder den Gebirgsregionen Süd- und Osteuropas. Ihr Aufgabenbereich ist ein anderer als der der Hütehunde. Sie leben praktisch als integraler Bestandteil der Herde in den jeweiligen Weidegebieten und schützen diese selbstständig vor Gefahren wie Bären, Wölfen oder Dieben. Durch anhaltendes Bellen, besonders in der Dämmerung und Dunkelheit, bekunden sie Präsenz, sozusagen als Warnung für potenzielle Angreifer. Ihre Wachfunktion erfordert ein ausgeprägtes Misstrauen allem Fremden gegenüber.

Es liegt in der Natur der Sache, dass dieser Typ Hund, der hauptsächlich durch permanente Anwesenheit seine Arbeit tut, ein anderes Temperament und einen anderen Bewegungstrieb hat als der agile Hütehund, der ständig in Bewegung ist, um das Verhalten der Herde zu beeinflussen. Der meist große und kräftige Körperbau dieser Hunde ist zwar darauf ausgelegt, Wanderungen von mehreren hundert Kilometern zu überstehen, die stundenlange Begleitung bei zügigen Ritten entspricht dagegen eher nicht ihrem Naturell.

Die Selbstständigkeit und Souveränität des Hirtenhundes, dessen Wesen eben nicht darauf ausgerichtet ist, auf dezenten Fingerzeig hin eng mit seinem Menschen zusammen zu arbeiten, erfordert viel Einfühlungsvermögen, Sachkenntnis und Konsequenz des Besitzers. Der abgelegene Hof, die Pferde auf der Weide, die er beschützen darf, könnten ideale Lebensbedingungen für ihn sein.

Nordische Hunde

Auch hier haben wir es mit einem sehr selbstständigen und souveränen Typ von Hund zu tun. Als Schlitten-, Jagd- oder Hütehunde arbeiteten sie ursprünglich unter härtesten Bedingungen und extrem unwirtlichen Witterungsbedingungen. Ziel der Zucht war nie der anhängliche Hausgenosse, der besonde-

Nordische Hunde ohne Leine, und dann auch noch als Pferdebegleiter, sind eher eine Seltenheit.

rer menschlicher Fürsorge bedurfte, sondern der genügsame, ausdauernde und robuste Arbeitshund.

Das Ausdrucksverhalten der nordischen Hunde ist noch recht ursprünglich und vielfältig, und es bedarf durchaus der intensiveren Beschäftigung mit diesem Thema, um es wirklich verstehen zu können. Ebenso ursprünglich und für den Menschen nicht ganz leicht beherrschbar ist häufig die hohe jagdliche Motivation, gerade bei den bei uns so populär gewordenen Schlittenhunden. Auch wenn der Bewegungsdrang beispielsweise des Siberian Husky ihn als geeigneten Begleiter am Pferd erscheinen lässt, seine Selbstständigkeit im Verhalten schließt die Zuverlässigkeit im Gehorsam, die der Reitbegleithund zwingend zeigen muss, nahezu aus.

Gesellschafts- und Begleithunde

Man geht heute davon aus, dass der Mensch von Anfang an Hunde nicht nur als Helfer, sondern schlicht auch zur Gesellschaft hielt. Ihre Aufgabe war es, freundlich und verschmust zu sein, den Menschen durch witziges Verhalten und Lernfreudigkeit zu erfreuen oder ihn einfach nur zu begleiten.

Hierzu zählen unter den heutigen Hunderassen beispielsweise die meisten Zwergrassen, die allerdings als Reitbegleithunde weniger in Betracht kommen, aber auch der ursprünglich als

Geduldig schaut der gut erzogene Rottweiler Frauchen beim Reiten zu.

Jagdhund gezüchtete Pudel oder der Dalmatiner. Dieser temperamentvolle und bewegungsfreudige Hund war früher besonders beliebt als Kutschenbegleiter.

Klassische Gebrauchshunderassen

Zu den klassischen Gebrauchshunden gehören Rassen unterschiedlichen Ursprungs, beispielsweise die Schäferhunde, deren Name bereits den ursprünglichen Verwendungszweck verrät, ferner der Boxer, der Riesenschnauzer, der Hovawart, der Dobermann, Rottweiler und Airedale Terrier. Allen gemeinsam ist eine ausgeprägte Bereitschaft, ihre Menschen und ihr Territorium zu bewachen und zu beschützen.

Jagdhunde

Unsere heutigen Jagdhundrassen sind fast ausnahmslos Spezialisten, sozusagen „Fachhunde“ für bestimmte Teilbereiche der Jagd. Auch wenn ihre Arbeitsbereiche verschieden sind, handelt es sich insgesamt um sehr agile und arbeitseifrige Hunde.

Es sind zum Teil wahre Workaholics, die scheinbar nur für ihre Aufgabe leben. Nicht nur der unausgelastete Vorstehhund oder Münsterländer wird zur Nervensäge, auch den sonst eher führigen Retriever werden Sie in den Wahnsinn treiben, darf er nicht apportieren. Die gelegentliche Privatjagd ist bei ständiger Unterforderung des Jagdhundes vorprogrammiert.

Kauf und Auswahl des Hundes

Nicht nur unsere Tiere haben prägende Erlebnisse, sondern auch wir Menschen. Und so ist die Frage, welchen Hund wir in unserer Nähe bevorzugen, oft das Ergebnis positiver Erlebnisse, die wir irgendwann mit einem solchen Vertreter seiner Art hatten. Hand aufs Herz, mit Objektivität hat das meist nichts zu tun! Wenn Sie also noch auf der Suche nach dem Traumhund sind, empfiehlt es sich schon, den Verstand dem Herzen etwas auf die Finger schauen zu lassen!

Rassehunde

Vorteil eines Rassehundes ist, dass Sie bereits beim Kauf eines Welpen wissen, wie dieser später ungefähr aussehen wird, welche Wesenseigenschaften und Verhaltensweisen grundsätzlich von ihm zu erwarten sind. Sie können sich informieren, über den Ursprung der Rasse, die Bedürfnisse oder auch Probleme züchterischer Art. Der Besuch von Arbeitsprüfungen, Ausstellungen oder Trainingsplätzen kann Sie in Ihrer Wahl sicherer machen.

Mischlingshunde

Zwar sagt ihnen der Volksmund unerschütterliche Treue, besondere Intelligenz und stabilere Gesundheit nach, in der Realität ist dies allerdings etwas nüchterner zu betrachten. Die stabilere Gesundheit mag auf den ersten Blick so erscheinen, da es für Mischlingshunde keinerlei Statistiken bezüglich erblicher Erkrankungen gibt. Jeder Tierarzt wird Ihnen bestätigen, dass es grundsätzlich keine gravierenden Unterschiede bezüglich der körperlichen Konstitution zwischen Mischling und Rassehund gibt. Mit Treue ist wohl eher die individuelle Bindung zwischen Hund und Mensch gemeint, und dafür sind andere Dinge als das Vorhandensein oder Fehlen einer Ahnentafel ausschlaggebend. Ebenso ist Intelligenz nicht unbedingt ein rassespezifisches Merkmal.

Vielleicht ist der Mischling seinem Menschen so wertvoll, weil es wirklich nur einfach dieses Individuum ist, das da geliebt wird. Er ist der schönste, denn es gibt keinen Rassestandard, der an ihm eine zu lange Rute oder eine falsche Ohrenstellung bemängeln lässt. Sein Verhalten ist in Ordnung, denn wir erwarten kein anderes, rassespezifisches.

Mischlinge erfreuen sich nicht nur bei Reitern großer Beliebtheit.

Sein Wert bemisst sich nicht an hoch dotierten Vorfahren, sondern nur daran, was er seinem Menschen bedeutet!

Können Sie beim Rassehund, wenn er gesund ist und unter idealen Bedingungen aufgezogen wurde, von rassespezifischen Wesensmerkmalen ausgehen, wissen Sie beim Erwerb eines Mischlingswelpen nicht, welche Verhaltensweisen er wirklich entwickeln wird, insbesondere, wenn die Eltern sehr unterschiedlichen Hundetypen angehören. Übernehmen Sie einen erwachsenen Mischling, sieht die Sache anders aus. Hier haben Sie ja schon sozusagen das „Endprodukt" und können entscheiden, ob sein Verhalten Ihren Erwartungen entspricht.

Rüde oder Hündin?

Grundsätzlich ist zu bedenken, dass die Hündin in der Regel zweimal jährlich läufig wird. Die Hitze dauert circa drei Wochen, wobei die Standhitze, die Zeit, in der die Hündin gedeckt werden kann, um den zehnten bis 16. Tag liegt. (Ausnahmen sind möglich). In diesen drei Wochen werden sich nicht nur die Rüden der Umgebung zu Ihnen hingezogen fühlen, sondern auch Ihre Hündin könnte den Auftrag der Natur sehr ernst nehmen und sich auf eigene Faust einen netten Rüden suchen.

Rüden sind das ganze Jahr über paarungsbereit. Ihre Revieransprüche dokumentieren sie durch teilweise sehr ausgeprägtes Markieren an Mauerecken, Bäumen, manchmal an allem, was sich nicht wehrt. Ihr Imponiergehabe kann gelegentlich Rangeleien zur Folge haben.

Dem Anfänger wird meist zu einer Hündin geraten, da sie als leichtführiger und weniger dominant gilt. Dieser Aspekt ist bei ohnehin sehr selbstständigen und souveränen Hunden sicher wichtiger als bei eher leichtführigen Rassen. Zudem bestätigen auch hier Ausnahmen die Regel! Neben Ihren Vorlieben für das eine oder andere Geschlecht empfiehlt es sich, Ihr Umfeld mal genauer unter die Lupe zu nehmen. Gibt es dort nur Hündinnen, könnte Ihr Rüde demnächst ziemlichen Stress haben und umgekehrt.

Das Markierverhalten des Rüden kann manchmal lästig sein.

Kauf beim Züchter

Nicht jeder, der sich Züchter nennt, ist auch einer! Nicht die Tatsache, dass man möglichst viele Hunde in großen Zwingeranlagen hält, und für den schnell entschlossenen Kunden immer verschiedene Rassen unterschiedlichen Alters zum Verkauf anbietet, macht einen zum Züchter. Gehen Sie getrost davon aus, dass Sie es in diesen Fällen mit üblen Geschäftemachern zu tun haben, die

Im Heu spielen macht Spaß! Diese beiden Rabauken lernen bereits die Stallatmosphäre kennen.

Hunde ohne Rücksicht auf Verluste marktgerecht produzieren.

Ein Züchter ist jemand, der eine besondere Beziehung zu seiner Rasse hat (es können auch zwei sein). Er wird bestrebt sein, in seiner Zucht dem Rassestandard in Bezug auf Gesundheit, Wesen, Aussehen und Arbeitsleistung sehr nahe zu kommen. Der Aufzucht der Welpen wird er besondere Beachtung schenken und ihnen mit Sachverstand und Herz optimale Rahmenbedingungen für eine gesunde Entwicklung bieten.

Die ersten Lebenswochen Ihres Hundes sind von besonderer Wichtigkeit für seine spätere Entwicklung! Die Erfahrungen, die er beim Züchter macht, erleichtern oder erschweren das spätere Miteinander. Seien Sie wählerisch und unterstützen Sie keinen skrupellosen Hundehändler!

Checkliste für den Kauf beim Züchter

- *Der Züchter berät Sie kompetent und ausführlich, drängt aber nicht zum Kauf.*
- *Er ist bereit, Ihnen Unterlagen bezüglich Herkunft, Untersuchungsergebnissen und Prüfungen seiner Zuchthunde zu zeigen.*
- *Seine Hunde sind gepflegt, freundlich und zutraulich.*
- *Die Mutterhündin ist anwesend!*
- *Die Welpen halten sich zumindest stundenweise im Haus auf und haben viel Kontakt zu Menschen.*
- *Sie sind gepflegt, neugierig und lebhaft und haben keine Angst vor Menschen.*
- *Sie haben die Möglichkeit, sich in Ruhe mit der Hündin und ihren Welpen zu beschäftigen.*
- *Bei der Auswahl des Hundes wird der Züchter Sie beraten, da er seine Welpen gut kennt.*
- *Er wird Ihnen Fragen stellen, um sicher zu gehen, dass der Welpe ein gutes Zuhause findet.*
- *Mit frühestens acht Wochen werden die mehrfach entwurmten und geimpften Welpen abgegeben.*
- *Sie erhalten einen Kaufvertrag, den Impfpass und die Ahnentafel.*

Ein guter Züchter wird auch nach Abgabe des Welpen noch an der Entwicklung „seines" Hundes interessiert sein und Ihnen gerne mit Rat und Tat zur Seite stehen!

Ein Hund aus dem Tierheim

Nicht zuletzt auf Grund der unausgegorenen Bestimmungen des Gesetzgebers über Hundehaltung sind die Tierheime voll mit Hunden, die dringend ein neues und vor allem dauerhaftes Zuhause brauchen. Gewiss benötigen Sie einen Hund, der besonders zuverlässig ist, doch vielleicht ist ja einer dabei, der dem kritischen Blick standhält und sich zu einem guten Reitbegleithund erziehen lässt. Denken Sie daran, dass es viele Gründe geben kann, warum ein Hund hier gelandet ist. Es sind bei weitem nicht nur Problemhunde, die hier auf eine bessere Zukunft warten. Oft sind Krankheit, Tod oder auch Trennung der früheren Besitzer der Grund für die Unterbringung im Tierheim.

Ein Problem ist, dass über die Vorgeschichte der Tierheimhunde meist keine brauchbaren Erkenntnisse vorliegen. So bleiben Ihnen, wenn Sie sich für einen erwachsenen Hund entscheiden, dessen Erfahrungen in der Welpen- und Junghundphase im Allgemeinen verborgen.

Lassen Sie sich von den Tierheimmitarbeitern und gegebenenfalls von dort mitarbeitenden Hundetrainern beraten. Vermutlich wird es die Möglichkeit geben, den Hund für eine gewisse Zeit mitzunehmen, und so sein Verhalten in Ihrem Umfeld zu testen. Wir kennen eine ganze Menge Menschen, die den Traumhund im Tierheim fanden. Einen Versuch ist es wert!

Tipps zur Auswahl Ihres Hundes

„Der hat uns ausgesucht!" sagt der Hundebesitzer, „Na super!" denkt der Trainer. Da kommt so ein dominantes kleines Bürschchen auf den Welpenkäufer zu und verjagt so nebenbei seine Geschwister, da stellt sich der erwachsene Tierheimhund mal schnell quer vor den interessierten Besucher und „will gestreichelt werden". Der Mensch ist gerührt von so viel Zuneigung und Vertrauen und überzeugt: „Mein Hund hat mich gefunden!" Herzlichen Glückwunsch, Sie brauchen keine anderen Hobbys mehr! Ihr Hund wird Sie ausreichend in Atem halten.

Sollte ein Leser sich angesprochen fühlen, bitten wir, uns die etwas zynische Darstellung zu verzeihen! Es war eigentlich als dringender Hinweis darauf gedacht, dass Sie sich vor Anschaffung des Hundes bereits mit dem Verhalten dieser Spezies befassen sollten. (Haben Sie herausgefunden, was das Querstellen bedeutet, sind Sie ziemlich fit für den Hundekauf!)

Wenn Sie ohnehin nicht schon wie ein Hund denken können, also einiges an diesbezüglicher Erfahrung auf dem Buckel haben, können Sie sich einen Gefallen tun, wenn Sie sozusagen einen Hund „aus dem Mittelfeld" wählen. Der Welpe, der bereits seine Geschwister gut im Griff hat, wird wahrscheinlich auch in Zukunft sehr eigene Vorstellungen vom Leben haben.

Das ängstliche Häschen, welches sich kaum aus der Ecke heraustraut, wird sich mit neuen Situationen vermutlich immer schwer tun. Natürlich kann durch Prägung und Umwelterfahrung viel erreicht werden, die genetische Anlage aber bleibt, niemand kann sie „wegprägen"!

5 Die Vorbereitung des Pferdes

Der wichtigste Gedanke, den Sie sowohl bei der Erziehung Ihres Pferdes als auch der Ihres Hundes niemals vergessen sollten, ist: „Ich bin der Boss!“ Haben Sie diesen festen Vorsatz, werden Ihre Tiere viel eher bereit sein, Ihnen auch zu glauben, dass Sie der Chef im Ring sind. Schauen Sie sich Pferde und Hunde an, die sich stark fühlen, schauen Sie sich Menschen an, die ein hohes Selbstbewusstsein haben, alle werden sich aufrecht und souverän bewegen! Der eher unsichere Vertreter seiner Art schaut weg, macht sich klein, weicht aus. Wem wären Sie selbst eher bereit zu folgen und auf sein Handeln zu vertrauen?

Vertrauen zum Menschen als Grundvoraussetzung

Mit dem Vertrauen der Pferde uns gegenüber ist das so eine Sache, denn eigentlich sehen wir zunächst einmal nicht sehr vertrauenswürdig aus. Allein die Anordnung unserer Augen entlarvt uns als Raubtier. Während bei Fluchttieren die Augen seitlich am Kopf liegen, damit das ganze Umfeld gleichzeitig kontrollierbar ist, haben Raubtiere, die ja gezielt ihre Beute fixieren, um sie dann zu jagen, nach vorne gerichtete Augen. Und es kommt noch schlimmer, denn unsere mehr oder weniger anliegenden Ohren signalisieren eine ständige Drohgeste. Auch unser Verhalten ist nicht gerade vertrauenswürdig, wenn wir mit festem Blick aufs Pferd zugehen und es möglicherweise auch noch jedes Mal gleich packen.

Auch wenn es uns nicht gelingt, unsere Ohren aufzustellen, so können wir doch wenigstens das Raubtierverhalten etwas reduzieren. Fixieren, darauf zu gehen und fangen sollten nicht die ausschließlichen Annäherungen sein. Es ist sicher vertrauensfördernd, wenn der Mensch sich häufig nur nähert, um beispielsweise soziale Pflegegesten zu zeigen, sprich Fell oder Mähne zu kraulen. Entspannte Körperhaltung und ruhige Stimmlage tun ihr Übriges. Entspannt heißt aber nicht geduckt! Verfallen Sie nicht in den Fehler, Ihre Souveränität aufzugeben, um ungefährlich zu wirken. Bleiben Sie trotz aller freundlichen Zuwendung konsequent und lassen sich beispielsweise nicht vom Ihrem Pferd wegdrängen. Es gibt nur einen, der Bewegung einschränken darf, das sind Sie als Ranghöchster!

Haben Sie das Pferd als Fluchttier im Hinterkopf! Rechnen Sie damit, dass es sich erschrecken und panisch reagieren kann. Strafe ist hier sicher die falsche Antwort! Ebenso falsch wäre, das Pferd in seiner Angst durch übertriebenes Streicheln zu bestärken. Fangen Sie die

So eine Idylle ist nur möglich, wenn die Tiere dem Menschen hundertprozentig vertrauen.

Situation durch ruhiges, aber bestimmtes Handeln auf. Haben Sie selbst Angst und reagieren nervös, bestätigen Sie damit die Reaktion des Pferdes und drängen es in immer heftigeres Handeln.

Mit liebevoller Konsequenz und souveränem Handeln werden Sie das Vertrauen und die Achtung Ihres Pferdes gewinnen. Der Grundstein, den Sie für dieses sensible Gebilde legen müssen, ist das Wissen um sein Verhalten. Investieren Sie also noch einmal ein paar Euro in zwei Bücher, eines über das Verhalten von Pferden, eines über das von Hunden. Lernen Sie die Vokabeln der Pferdesprache und der Hundesprache, damit Sie zu einer Kommunikation fähig werden, die keine Einbahnstraße ist.

Umwelterfahrungen

Vertrauen und Respekt sind die Grundvoraussetzungen für die gemeinsame Arbeit. Erst wenn das Raubtier Mensch zum vertrauenswürdigen Leittier wird, kann das Pferd bereit sein, sein Bedürfnis nach Flucht dem Gehorsam unterzuordnen. Zahlreiche Autoren beschreiben ausführlich diese Erziehung, die zunächst mit der Arbeit am Boden beginnt.

Für manches Pferd stellen solche Tonnen eine nicht zu passierende Gefahr dar.

Veränderungen machen Angst, also lassen wir die Veränderungen zur Normalität werden! Auf einer ordentlichen und gepflegten Weide werden wir selten Luftballons, Plastiktüten, Mülltonnen oder Kartons finden, beim Ausritt allerdings kann uns vieles begegnen. Desensibilisieren wir also unsere Pferde gegen optische und akustische Reizquellen, indem wir solche in ihr normales Umfeld holen.

Ideal ist es, wenn das Pferd sich auf einer Weide aufhalten kann, die ohnehin viel Abwechslung bietet. Gehören vorbeifahrende Autos, Traktoren oder Fahrräder, Flugzeuge oder Eisenbahngeräusche ebenso zum Alltag wie der Kinderwagen, ballspielende Kinder oder tollende Hunde, werden diese Dinge unterwegs kaum noch als bedrohlich empfunden. Die Luftballons in der Stallgasse, die flatternde Plastikplane am Weidezaun, immer wieder umfallende Kartons tragen dazu bei, dass Erfahrung zur Sicherheit wird. Alles Beängstigende sollte sich zunächst in einiger Entfernung abspielen. Dem Pferd sollten die Dinge entweder langsam näher gebracht werden, oder es sollte die Möglichkeit haben, sich beispielsweise der dauerhaft

Je mehr Umweltreize ein Pferd kennen lernt, desto sicherer wird es ihnen begegnen.

wehenden Plane irgendwann selbst in dem Maße zu nähern, wie es von ihm verkraftet werden kann.

Akustische Reizquellen sind ebenso gewöhnungsbedürftig. Nähe und Intensität müssen auch hier langsam gesteigert werden. Ein Tonband, auf welchem verschiedene Geräusche zu hören sind, lässt sich leicht in den Stallalltag einbauen. Bitte berücksichtigen Sie dabei, dass das Pferd wesentlich besser hört als der Mensch. Eine ständige Belästigung mit Tönen und Geräuschen wird sonst zu einer für das Pferd nervenaufreibenden Angelegenheit. Auch Berührungsreize sind nicht zu unterschätzen! Besitzt das Pferd das Vertrauen, dass es sich überall von seinem Menschen anfassen lässt, ist bereits viel gewonnen. Beginnen Sie langsam, es mit Gegenständen wie Decken, Bändern oder gar Plastikfolien zu berühren, sie später über seinen Körper gleiten zu lassen. Durch häufige Wiederholung wird auch hier Gewöhnung eintreten. Wichtig ist Ihre ruhige und sichere Ausstrahlung. Berührungsängste des Pferdes können im Umgang mit dem Hund, der gegebenenfalls aus Unsicherheit, aus Übermut oder schlicht um sich anleinen zu lassen, am Pferd hochspringt, sehr unangenehme Folgen haben!

Gelassen akzeptiert das Pferd, dass flatternde Bänder über seinen Körper gleiten.

Eine der wichtigsten Lektionen, die Ihr Pferd lernen muss, ist ruhig stehen zu bleiben! Üben Sie dies in allen erdenklichen Situationen. Je größer das Vertrauen in Sie als Leitperson ist, desto eher wird das Pferd alles gelassen ertragen. Zuverlässig ruhiges Stehen ist Grundvoraussetzung, um den Hund ins Training mit einbeziehen zu können.

Training mit Hilfsmitteln

Haben Sie die Desensibilisierung gegenüber optischen und akustischen Reizen sowie Berührungsreizen gewissenhaft betrieben, dürfte es Ihr Pferd eigentlich nicht mehr stören, wenn an seiner Seite eine Leine herunter hängt oder Sie in seiner Nähe von der Hundepfeife Gebrauch machen. Da gerade die Gleichgültigkeit diesen Reizen gegenüber für Ihr Vorhaben von Bedeutung ist, sollte auf die positive Verknüpfung besonderer Wert gelegt werden. Pfeifen Sie dem Pferd also nicht gleich ins Ohr, sondern beginnen Sie sanft mit dem Geräusch, und zwar immer in einer für das Pferd angenehmen Situation, beispielsweise beim Fres-

Das Pferd wird auf die später herabhängende Hundeleine vorbereitet.

sen. So wird der angenehme Moment mit dem Geräusch oder dem Gefühl der herabhängenden, sich bewegenden Leine verknüpft und auf der Positiv-Seite gespeichert.

Gewöhnung an Hunde

Da wir ja leider nicht davon ausgehen können, dass alle Pferde als Fohlen viele positive Hundeerfahrungen gemacht haben, wird bei manchem Tier eine intensive Gewöhnungsphase erforderlich sein. Versuchen Sie sicher zu stellen, dass Ihr Pferd gerade in dieser Phase keine Negativerlebnisse hat. Bitten Sie beispielsweise Reiterkollegen mit problematischen Hunden, diese so weit unter Kontrolle zu halten, dass kein Kontakt zu Ihrem Pferd hergestellt wird. Auch wenn man Sie vielleicht belächelt, geben Sie Ihrem Pferd erst die Gelegenheit, sicher im Umgang mit Hunden zu werden, bevor es sich mit den Rabauken auseinander setzen muss.

Ist das Pferd noch ein wackeliger Kandidat, ist es unverzichtbar, dass der Hund sicher und sehr gut erzogen ist! Begegnen sich beide mit dem Gefühl der Unsicherheit, könnte die Situation leicht außer Kontrolle geraten und auch Sie als Vertrauensperson in Stress versetzen. Wir hätten also wieder einmal eine wunderschöne Stimmungsübertragung: Pferd nervös + Hund nervös = Mensch nervös = Pferd und Hund noch nervöser ...

Entweder nehmen Sie Ihren eigenen braven Hund, oder, wenn dieser erst in der Planung ist, Sie bitten andere Reiter mit wohlerzogenen und Pferde-erfahrenen Hunden um Mithilfe. Es reicht zu-

Gut erzogene Hunde sind sehr hilfreich bei der Ausbildung des Pferdes.

Das Pferd hat bereits gelernt, dass von einem vorbeilaufenden Hund keine Gefahr ausgeht.

nächst, wenn Freund Hund einfach durch häufige Anwesenheit zur Normalität wird. Er läuft an der Box vorbei, an der Weide, liegt am Rande der Reitbahn oder sitzt artig auf der Tribüne. Er begleitet selbstverständlich den Menschen, den das Pferd ja bereits als Leittier und Vertrauensperson kennt. Das heißt, er stellt eigentlich keine Gefahr dar, da er sich ja stets in der Nähe des Alpha-Tieres aufhält und dieses durch sein Verhalten keinerlei Gefahr signalisiert.

Im Laufe der Zeit darf auch etwas mehr Bewegung hineinkommen. Der Mensch bewegt sich mit dem Hund um das Pferd herum, er ruft ihn daran vorbei, er spielt mit ihm in seiner Nähe. Das Pferd lernt, dass von dieser Bewegung keine Gefahr ausgeht, dass es ruhig bleiben, vor allem aber auch ruhig stehen bleiben kann, während Hunde in der Nähe sind.

Bei der Annäherung beider Tiere aneinander darf nicht vergessen werden, dass sowohl Hunde als auch Pferde eine Individualdistanz haben. Das bedeutet, dass sie nicht selbstverständlich den direkten Körperkontakt zum Artgenossen dulden, sondern je nachdem, wer das Gegenüber ist, darauf bestehen, dass ein gewisser Abstand gehalten wird. Je vertrauter die Tiere sind und je mehr freundschaftliche Bindung vorhanden ist, desto weniger spielt diese Distanz eine Rolle. Packen Sie also Ihrem Pferd nicht gleich den niedlichen neuen Welpen auf den „nackten" Rücken, weil das ja so niedlich aussieht. Der Neuzugang könnte so gleich ziemlich schlechte Karten haben. Ebenso wenig darf der Hund, der sich mit Händen und Füßen wehrt, an das Pferd herangezerrt werden. Die Holzhammermethode funktioniert nicht! Stellen Sie vielmehr immer wieder angenehme Situationen her, die mit der Drei-

Die drei sind auf dem richtigen Weg!

samkeit verknüpft werden. Futter und Streicheleinheiten sind sicher der optimale Weg.

Geben Sie den Tieren Zeit, einander aus der Ferne zu betrachten und dann langsam Kontakt aufzunehmen, wenn sie sich beide sicher genug fühlen. Sie müssen dabei unbedingt unter Kontrolle sein. Das Schnauben des Pferdes kann den Hund erschrecken. Auch das freund-

Erste vorsichtige Begegnung

lich gemeinte Schnauzelecken des Hundes muss vom Pferd nicht als Unterwerfungsgeste verstanden werden. Während der Welpe vom sicheren Arm aus den ersten Kontakt aufnehmen kann, ist es bei der Begegnung mit dem erwachsenen Hund sicherer, wenn ein tiererfahrener Helfer einen Ihrer Lieblinge fest hält.

Hierzu ist viel Fingerspitzengefühl erforderlich, denn festhalten darf nicht bedeuten, die Bewegungsfreiheit des Tieres so einzuengen, dass es den Eindruck hat, nicht ausweichen zu können. Festhalten bedeutet hier: so viel Freiheit wie möglich und so viel Kontrolle wie nötig.

Hat Ihr Pferd sich an die grundsätzliche Anwesenheit des Hundes gewöhnt, kann langsam mit der aufbauenden Arbeit begonnen werden. Genaueres dazu erfahren Sie imKapitel „Die Arbeit mit Hund und Pferd".

Die Erziehung des Hundes

6

Die Anforderungen an den Hund, der Sie und Ihr Pferd in Zukunft begleiten darf, sind zweifellos hoch, das haben wir nun zur Genüge festgestellt. Sie haben viel bedacht in Bezug auf die Anschaffung des Vierbeiners, sind bereits gut informiert über das Verhalten von Hunden und haben Ihren neuen Freund sorgfältig ausgewählt. Nun müssen Sie ihm nur noch erklären, wie Sie sich die gemeinsame Zeit vorstellen. Grundvoraussetzung dafür, dass das Trio Mensch – Pferd – Hund die gemeinsame Freizeit stressfrei und relativ sicher genießen kann, ist der zuverlässige Grundgehorsam Ihres Hundes. Die Erziehung Ihrer vierbeinigen Freunde sollte vom Wissen um das natürliche Verhalten des jeweiligen Tieres geprägt sein. Die Art, wie Sie ihnen Dinge, die das Zusammenleben erleichtern, vermitteln können, ist dabei besonders wichtig.

Bei unseren Anleitungen gehen wir von der Erziehung eines Welpen aus, und bauen so, wenn auch in Kürze, die einzelnen Erziehungsschritte von Anfang bis Ende auf. Sollten Sie sich zur Anschaffung eines erwachsenen Hundes entschließen oder bereits stolzer Besitzer eines solchen Vierbeiners sein, können Sie im Prinzip in gleicher Weise vorgehen. Passen Sie die Lernschritte schlicht dem Lerntempo Ihres Hundes an.

Die Früherziehung des Welpen

Schauen Sie sich wild lebende Tiere welcher Art auch immer an, sehen Sie, dass die ersten Wochen und Monate in ihrem Leben vom Lernen bestimmt sind. Lernen, welches das Überleben des Individuums und der Art sichert. So bringt auch unser kleiner Welpe die Bereitschaft und Fähigkeit mit, in seine Umwelt und seine soziale Gemeinschaft hineinzuwachsen. Wir haben im frühen Welpenalter sozusagen den Schlüssel in der Hand um „Schubladen zu öffnen“, die später für immer verschlossen bleiben könnten. Berücksichtigen Sie, dass sein Gehirnwachstum mit circa 16 Wochen bereits zu 80 Prozent abgeschlossen ist. Sie sollten diese wertvolle Zeit nicht ungenutzt verstreichen lassen!

Soziales Lernen

Bevor Sie Ihren Welpen mit acht bis zehn Wochen bekommen, hat er hoffentlich beim Züchter oder im Tierheim schon viele positive Umwelterfahrungen gemacht. Hatte er intensiven Kontakt zu verschiedenen Menschen, vielleicht auch zu anderen Hunden? Ist er gegebenenfalls schon mit anderen Haustieren vertraut und hat gelernt, dass diese

Je früher sich Hund und Katze kennen lernen …

… desto größer ist die Wahrscheinlichkeit, dass auch der erwachsene Hund später Katzen akzeptiert.

zum Sozialverband dazugehören können? Dies sind ideale Voraussetzungen. Vertiefen Sie das Gelernte und geben Sie dem kleinen Hund die Möglichkeit, jetzt in dieser wichtigen Entwicklungsphase gefahrlos und positiv alles kennen zu lernen, was später seine soziale Umgebung ausmacht. Dass hier insbesondere Pferde dazugehören, muss wohl nicht weiter erwähnt werden.

Auch wenn uns Menschen der kleine Kerl zerbrechlich und schutzbedürftig vorkommt, im Hunderudel werden ihm in diesem Alter bereits klare Grenzen gesetzt. Er würde lernen, dass man die Individualdistanz ranghöherer Hunde zu wahren hat, dass das Ignorieren von Drohgesten äußerst unangenehme Folgen haben kann oder wie man sich mit beschwichtigendem Verhalten aus der Affäre zieht. Im Spiel mit den Geschwistern und anderen Rudelmitgliedern würde er alle Verhaltensweisen, die der erwachsene Hund zum Überleben braucht, üben und seine körperlichen Fertigkeiten trainieren.

Nun bilden Sie gemeinsam ein Rudel, und somit haben Sie als ranghöherer „Hund" die Aufgabe, aus einem hemmungslosen kleinen Fellbündel einen brauchbaren Kumpel zu machen. Verhalten Sie sich also wie ein ranghöheres Rudelmitglied! Überlegen Sie, was Ihr Hund später darf und welche Regeln er einzuhalten hat. Setzen Sie Grenzen, von Anfang an und konsequent. Privilegien, die Sie ihm jetzt einräumen, beispielsweise dass Sie Ihren Schlafplatz, sprich Ihr Bett, mit ihm teilen, dass er jederzeit zu allen Räumen des Hauses Zugang hat, dass er grundsätzlich vor dem Menschen seine Mahlzeit einnehmen darf, könnten den heranwachsenden Hund leicht auf die Idee kommen lassen, dass

Welpen brauchen unbedingt gleichaltrige Artgenossen!

die Frage der Rangordnung noch zu klären ist (oder vielleicht schon geklärt ist?).

Bedenken Sie, dass der Ranghöhere agiert und das Geschehen bestimmt! Gehen Sie stets brav auf die Spielaufforderung Ihres Hundes ein, werden Sie eilig aktiv um seinem dezenten Hinweis auf die nahende Fütterungszeit oder den fälligen Spaziergang nachzukommen, ist Ihrem Hund klar, wer der Boss ist, nämlich er!

Er wird sich für Ihre Kooperationsbereitschaft bedanken, indem er Ihnen beispielsweise beim Ausritt zeigt, dass es jetzt Zeit ist, ein Reh zu jagen, oder indem er beschließt, dass die entgegenkommenden Spaziergänger mit Hund auf „seinem" Reitweg nichts zu suchen haben.

Ranghohe Hunde zeichnen sich durch Souveränität aus. Sie leisten sich Ignoranz gegenüber Rangniederen, dulden manches, was sie gerade nicht tangiert, und setzen Grenzen, die eine gesunde Sozialstruktur aufrecht erhalten. In ihrem Sozialverhalten sind sie kalkulierbar für ihre Artgenossen. Ihre Droh- und Unterordnungsgesten kann das Gegenüber verstehen und entsprechend reagieren. Zeigt der Unterlegene Beschwichtigungsgesten, unterwirft er sich, kann er davon ausgehen, dass der Boss normalerweise die Auseinandersetzung beendet. Nehmen wir uns also auch hier ein

Beispiel und verhalten uns souverän und beherrscht! Auch wenn uns unser vierbeiniger Freund noch so sehr geärgert hat, auch wenn die Situation peinlich für uns war, mehr als unterwerfen kann sich ein Hund nicht! Strafen wir trotzdem noch, zeigen wir asoziales Verhalten, welches uns als Rudelführer disqualifiziert.

Hunde sind keine Einzelgänger. Ermöglichen Sie Ihrem Rudelmitglied, sich meist in Ihrer Nähe aufhalten zu können, gelegentlich dicht neben Ihnen zu ruhen, wenn Sie am Schreibtisch sitzen. Und bitte, spielen Sie mit Ihrem Hund. Verknüpft er schöne Erfahrungen mit Ihrer Nähe, hat er gelernt, dass von Ihnen interessante Aktivitäten ausgehen, wird er später kaum bestrebt sein, sich von Ihnen zu entfernen um sich anderweitig zu vergnügen. Damit ist natürlich nicht gemeint, dass Sie pausenlos um Ihren Hund herumschwirren und ihn verwöhnen! Sie bestimmen alle gemeinsamen Aktivitäten, vor allem aber auch deren Ende!

Auch wenn Sie Ihrem Hund vieles bieten können, den Artgenossen können Sie ihm nicht ersetzen! Schauen Sie sich deshalb am besten schon vor Anschaffung des Hundes nach geeigneten Spielgruppen um. Hier kann er mit seinesgleichen toben und seine Kräfte messen.

Die gute Welpengruppe

- *Das Training findet in kleinen Gruppen statt.*
- *Das Alter der Welpen ist auf acht bis 16, maximal 18 Wochen beschränkt.*
- *Es nehmen Welpen unterschiedlicher Rassen am Training teil, denn es gibt sehr unterschiedliche Erscheinungsbilder und rassespezifische Verhaltensmuster (zum Beispiel Bobtail und Jack Russell Terrier).*
- *Die Ausbilder haben das Geschehen stets im Auge und überlassen die Welpen nicht sich selbst.*
- *Sie verfügen über Kenntnisse bezüglich rassespezifischen Verhaltens.*
- *Zu heftiges Verhalten wird korrigiert.*
- *Der Welpe hat Kontakt mit fremden Menschen, möglichst auch mit Kindern.*
- *Den Welpen werden in angemessener Form viele Eindrücke nahe gebracht, die das Hineinwachsen in die Umwelt erleichtern.*
- *Trainiert wird mit dem kleinen Hund ausschließlich spielerisch, ohne Zwang, und in ganz kurzen Zeitintervallen.*
- *Eine große Rolle spielt die Vermittlung von theoretischem Wissen an den Hundehalter.*

Umwelterfahrungen

Allen erdenklichen Umweltsituationen gegenüber soll Ihr vierbeiniger Begleiter sicher sein. Ängstigt ihn bereits die Mülltonne, die gestern noch nicht da stand, versetzt ihn ein herannahendes Motorrad in Panik oder flieht er vor dem Spaziergänger mit Hut und Mantel, so hat das auch auf das Verhalten Ihres Pferdes keine stabilisierende Wirkung! Zudem werden Sie sich vorstellen können, dass ein Hund, der ständig unter der reizintensiven Umwelt leidet, kein besonders schönes Leben hat.

Nutzen wir also auch in dieser Beziehung die alles entscheidenden ersten 16 Wochen und ermöglichen dem kleinen Hund viele positive Umwelterfahrungen. Suchen Sie gezielt Orte aus, die besondere Reizsituationen darstellen, beispielsweise befahrene Straßen, einen Bahnhof, den Zoo, ein Wildgehege, Baustellen oder einen Schießstand. Signalisieren Sie durch Ihr Verhalten Normalität. Ihr Welpe wird spüren, wenn Sie unsicher sind und panische Reaktionen von ihm erwarten, und er wird sich entsprechend verhalten. Zeigen Sie sich auch hier wieder als starke Persönlichkeit! Ihre Stimmung überträgt sich! Brechen Sie bitte nicht in langatmige Mitleidsbekundungen aus, weil Ihr kleiner Freund sich erschreckt hat, sondern muntern Sie ihn auf, zeigen Sie ihm, dass alles ungefährlich ist, was Sie von ihm verlangen. Lassen Sie ihn bewusst über Gitter und Stege gehen, nutzen Sie Straßentunnel, Bahnunterführungen oder Brücken, fahren Sie im Aufzug und auf einer Fähre. Kurz, versuchen Sie ihn an alles zu gewöhnen, womit er in seinem Leben konfrontiert werden könnte und was ihn möglicherweise ängstigt.

Bei kleinen Welpen hat sich hier ein Tragetuch für Babys bewährt. Da sie noch nicht ausdauernd laufen können und dürfen (als Richtwert pro Lebensmonat circa fünf Minuten am Stück), haben sie so die Möglichkeit, in absoluter Sicherheit durch die Nähe des vertrauten Menschen die Umwelt zu erleben. Selbst wenn Sie weit ab von städtischem Getümmel wohnen und auch nie vorhaben, mit dem Hund dort zu flanieren, tun Sie ihm den Gefallen, und lassen Sie ihn trotzdem solche Eindrücke speichern.

Manchmal verläuft das Leben anders als geplant, und Sie wissen weder was auf Sie noch was auf Ihren Hund irgendwann einmal zukommt.

Gewöhnen Sie Ihren Hund an viele Umweltreize.

Früh übt sich ...

Gewöhnung an Pferde

Im Idealfall hat Ihr Welpe seine ersten Wochen beim Züchter bereits in einem Umfeld verbracht, in dem Pferde dazu gehörten. Da dies eher selten zutreffen wird, wäre es beispielsweise eine Möglichkeit, Ihrem Züchter eine benutzte Satteldecke mitzubringen, die in das Lager der Welpen gelegt wird. So kann der junge Hund zumindest schon einmal den Pferdegeruch als normal und positiv speichern.

So früh wie möglich sollten Sie Ihren Hund mit zum Pferd nehmen, natürlich zu einem sehr braven Pferd, das weder dem Kleinen nach dem Leben trachtet noch beim bloßen Anblick in Panik ausbricht! Halten Sie den Welpen im Arm und stellen Sie nur so viel Nähe her, wie Ihre beiden Vierbeiner verkraften können, das setzt natürlich voraus, dass Sie Ihr Pferd sehr gut kennen und seine Körpersprache verstehen. Lassen Sie eventuell eine vertraute Person Hund oder Pferd halten, wenn Ihnen dies sicherer erscheint. Die erste Begegnung sollte für beide Tiere möglichst stressfrei verlaufen. Durch freundliche Zusprache, Streicheln und Futterbelohnung kann erwünschtes Verhalten bei beiden Tieren positiv verstärkt werden.

Damit Ihr Hund, insbesondere der Welpe, keine Negativerlebnisse speichern kann, ist es erforderlich, ihn immer unter Aufsicht und Kontrolle zu haben. Pferde sind blitzschnell in ihren Reaktionen, oft leider schneller als der Mensch. Das erfuhr auch ein uns bekannter Welpe, der sich, seinen durchaus Pferdeerfahrenen Menschen an der Leine, neugierig an einen Ponyhengst heranwagte. Dieser war eigentlich an Hunde gewöhnt. Dummerweise hatte er an diesem Tag keine Lust auf Hunde, packte kurzerhand den Welpen am Rücken und schleuderte ihn meterweit durch die Luft. Man schaut nicht sehr intelligent als Mensch, wenn eine Situation, die man eigentlich unter Kontrolle zu haben glaubte, so gepflegt in die Hose geht. Also: Vorsicht walten lassen und Reaktionsfähigkeit trainieren!

Lassen Sie die Stallatmosphäre für den jungen Hund, oder auch für den neu erworbenen erwachsenen Hund, zur Alltagssituation werden, indem Sie ihn häufig mitnehmen und am Geschehen teilhaben lassen. In sicherem Abstand angebunden oder festgehalten kann er dabei sein, wenn das Pferd geputzt und gesattelt wird, kann mit Ihnen zuschauen, wenn andere Reiter ihre Pferde longieren oder reiten, kurz: So kann er in Ihren Pferdealltag hineinwachsen.

Achten Sie von Anfang an auf korrektes Verhalten des Hundes! Obwohl es jetzt putzig erscheint, wenn so ein kleiner Welpe sich vor dem Pferd aufbaut und es anbellt, bedenken Sie, was daraus entstehen kann, nämlich aggressives Verhalten. Unterbinden Sie diese Allüren sofort mit einem energischen „Nein". Reagiert er nicht, nehmen Sie ihn aus der Situation heraus, ohne jedoch beruhigend auf ihn einzureden, denn das wäre wieder eine positive Verstärkung für sein Verhalten. Ebenso verfahren Sie immer, wenn Verhalten gezeigt wird, welches auf Dauer nicht akzeptabel oder gar gefährlich sein könnte. Loben Sie dagegen, wenn der Hund erwünschtes Verhalten zeigt. Vermeiden Sie Problemsituationen, die Sie vorher absehen können, indem Sie den Hund beispielsweise rechtzeitig anleinen oder im kritischen Moment durch Futter ablenken und so neutrales Benehmen erwirken. Setzen Sie Grenzen! Sie sind wichtig für die Sicherheit Ihres Hundes und seines Umfeldes und für das reibungslose Miteinander innerhalb Ihrer Sozialgemeinschaft!

Ist der Hund sehr vertraut mit Pferden, kann es durchaus den Versuch geben, den großen Kumpel zum Spiel aufzufordern. Allein das unausgewogene Kräfteverhältnis kann diese Spielidee zum tödlichen Irrtum werden lassen. Zudem sei noch einmal in Erinnerung gerufen, dass Pferde und Hunde doch sehr unterschiedlichen Arten angehören. Das Jagdspiel des Hundes wird beim Pferd nicht immer auf ungeteilte Begeisterung stoßen, und der übermütige, spielerisch gemeinte Biss eines Pferdes in ein Hundebein wird die Spielidee des Hundes auch nicht ganz treffen. Wurden Pferd und Hund in den entsprechenden

Zur Gefahrenvermeidung wird der Hund zunächst angeleint.

Ruhiges Sitzenbleiben wird auch geübt, wenn das Pferd in Bewegung ist.

Ein solches Verhalten ist lästig und nicht ungefährlich.

Der gut erzogene Hund bleibt auch ohne Leine zuverlässig liegen.

Lebensphasen aufeinander sozialisiert, können sie durchaus lernen, das Verhalten des anderen in gewissen Grenzen einzuordnen. Bei so miteinander vertrauten Tieren ist, ähnlich wie bei Hund und Katze, auch Spiel möglich. Ein gewisses Risiko bleibt dennoch!

Bis Ihr Welpe fit ist für den gemeinsamen Ausritt, muss noch einige Zeit vergehen. Das erste Lebensjahr sollte vollendet sein, wobei hier grundsätzlich die Konstitution des Hundes eine maßgebliche Rolle spielt. Es gibt große rassespezifische Unterschiede in der Entwicklung. Trotzdem kann das Zusammenleben mit dem Pferd schon selbstverständlich werden. Sobald der Kleine einigermaßen an der Leine geht, sollten Sie Möglichkeiten suchen, ihn neben einem friedlichen Pferd zu führen. Gehen Sie zunächst neben dem Pferd, überholen Sie oder lassen sich überholen, umkreisen Sie das stehende Pferd. Machen Sie dieses Spiel immer wieder, so lange, bis der Hund, am besten auch das Pferd, es ganz normal findet. Geizen Sie nicht mit Lob und Futterbelohnung für beide Vierbeiner!

Nutzen Sie diese Jugendphase des Hundes, um ihn an alles heranzuführen, was ihn in der gemeinsamen Pferdewelt erwartet. Lassen Sie ihn möglichst oft dabei sein bei Ihren Aufenthalten im Stall, nehmen Sie ihn mit zu Turnieren. Gehen Sie mit beiden Tieren spazieren, geben Sie ihm Aufgaben, er kann ihnen beispielsweise den Hufkratzer bringen. Denken Sie daran, dass besonders der junge Hund lernen will. Nutzen Sie die Zeit um einen zuverlässigen Begleiter aus ihm zu machen!

Erarbeitung der erforderlichen Hör- und Sichtzeichen

„Meistens macht er Sitz, wenn ich das sage!" Diese Aussage sollte nicht aus Ihrem Munde kommen, denn Sie sind auf korrekten Gehorsam angewiesen! Gehorsam hat auch nichts mit Willen brechen und Gewalt zu tun, er dient dazu, das Miteinander von Mensch und Hund (und Pferd) zu organisieren. Denken Sie daran, auch im Rudel gibt es Regeln, die einzuhalten sind.

Im Rahmen dieses Buches kann auf das Erlernen der wichtigsten Vokabeln für Ihren Hund nur kurz eingegangen werden, Hinweise auf ausführlichere Literatur finden Sie jedoch im Anhang.

Grundregeln für das tägliche Training

- *Der Hund versteht unsere Sprache nicht, er kann nur lernen, auf bestimmte Worte und Gesten mit einem bestimmten Verhalten zu reagieren. Benutzen Sie also immer dasselbe Sicht- und Hörzeichen! Lange Sätze der Art „jetztsetzdichmalschönhin" erschweren die Sache!*
- *Benutzen Sie anfangs genau in dem Moment, in dem der Hund das zu erlernende Verhalten zeigt, Ihr Hör- und Sichtzeichen. Sagen Sie beispielsweise freundlich „Hiiier!", wenn er auf Sie zuläuft.*
- *Wiederholen Sie Ihr Hörzeichen bitte nicht! Ihr Hund lernt sonst, dass die Reaktion beim 20. Mal wohl auch reicht*
- *Loben und belohnen Sie sofort! Sie haben zwei Sekunden Zeit dafür, dass Ihr Lob oder auch Tadel mit der entsprechenden Handlung verknüpft wird.*
- *Scheuen Sie sich nicht, mit Futterbelohnung zu arbeiten! Es geht darum, dass Ihr Hund alles, was er tun soll, positiv verknüpft! Und was ist positiver als Futter? (Wir arbeiten auch für Geld = Futter, oder?)*
- *Hunde verständigen sich weitestgehend über Körpersprache. Berücksichtigen Sie bitte, was Ihre Haltung und Ihre Bewegungen dem Hund signalisieren. So könnte er sich beispielsweise bedroht fühlen, wenn Sie sich über ihn beugen.*
- *Arbeiten Sie mit klaren, sich eindeutig unterscheidenden Handzeichen.*
- *Sprechen Sie leise mit Ihrem Hund! Sein Gehör ist viel besser als das Ihre, und was er noch nicht begriffen hat, wird er auch nicht verstehen, weil Sie es ihm entgegenbrüllen, zudem würde es das Vertrauensverhältnis belasten!*
- *Nutzen Sie Ihre Stimme: hohe Stimmlage signalisiert immer freundliche Grundstimmung, tiefe Stimmlage ist drohend, warnend. Hörzeichen sind kurz und prägnant, zum Loben säuseln Sie in höchsten Tönen.*
- *Arbeiten Sie in kurzen Übungseinheiten. Anfangs reichen wenige (!) Minuten mehrmals täglich.*
- *Fordern Sie nichts, was der Hund noch nicht kann!*
- *Üben Sie alles Neue in einem reizarmen Umfeld.*
- *Steigern Sie die Anforderungen langsam!*
- *Überlegen Sie, bevor Sie Ihrem Hund eine Anweisung geben, ob Sie die Möglichkeit haben, auch auf deren Ausführung zu bestehen. Erfährt der Hund immer wieder, dass Ungehorsam keine Folgen hat, wird er sich dementsprechend verhalten.*
- *Beenden Sie das Training immer mit einer gelungenen Übung! Klappt es einmal nicht so gut, verlangen Sie schlicht eine einfachere Übung, die der Vierbeiner sicher beherrscht.*

Zuverlässiges Herankommen ist das A und O

Herankommen

Damit Ihnen der Lassokurs erspart bleibt und Sie nicht ständig Ihrem Hund hinterher galoppieren müssen, sollten Sie von Anfang an großen Wert darauf legen, dass Ihr Hund immer kommt, wenn Sie ihn rufen! Dafür sind mehrere Punkte Voraussetzung:

- Vertrauen und Bindung bestimmen Ihre Mensch-Hund-Beziehung.
- Sie sollten als Boss akzeptiert sein.
- Hör- und Sichtzeichen müssen gewissenhaft erarbeitet sein.
- Der Hund verknüpft das Herankommen immer mit etwas Positivem.
- Er weiß, dass Sie meinen, was Sie sagen.

Um den Hund heranzurufen, und zwar konkret zu Ihnen hin und nicht nur grob in Ihre Nähe, empfehlen wir das Wort „Hier!". Zum einen ist die Stimmlage automatisch höher und somit für den Hund positiver als bei „Komm!", zum anderen werden Sie feststellen, dass Sie das Wort „Komm" dem Hund gegenüber sehr häufig verwenden, ohne immer wirklich zu wollen, dass er genau zu Ihnen hin kommt.

Passen Sie zunächst Situationen ab, in denen Ihr Hund ohnehin auf Sie zukommt, zumindest aber ohne große Ablenkung im Umfeld in Ihre Richtung schaut, und gehen Sie in die Hocke um nicht so bedrohlich groß zu wirken. Breiten Sie die Arme aus und rufen Sie Ihrem Vierbeiner ein freudiges „Bello hiiier!" entgegen. Loben Sie ihn bereits, wenn er auf Sie zuläuft, da er sich ja schon auf dem richtigen Weg befindet! Die Belohnung haben Sie natürlich schon in der Hand, um im gleichen Moment, in dem der Hund Sie erreicht, positiv verstärken zu können. Ihr Hund muss die Erfahrung machen, dass es gut ist, zu Ihnen zu kommen. Strafen Sie ihn, wenn er kommt, weil er Sie vorher an der Nase herumgeführt hat, so wird er das nächste Mal davon ausgehen, dass man für Kommen bestraft wird, es also besser lässt. Wenn auf eines unterwegs Verlass sein muss, dann darauf, dass der Hund zu Ihnen kommt, wenn Sie rufen!

Bedenken Sie, dass für einen jungen Hund die ganze Welt furchtbar interessant ist. Möchten Sie seine ungeteilte Aufmerksamkeit erreichen, müssen Sie also noch interessanter sein! Jubeln Sie, hüpfen Sie, quietschen Sie, laufen Sie im Zweifel davon um interessant zu sein. Auch wenn Ihre Nachbarn Ihr Verhalten als bedenklich einstufen, der Erfolg wird Sie rehabilitieren!

Eine dünne, zehn Meter lange Leine, die einfach am Halsband befestigt wird, ermöglicht Ihnen zu Beginn des Trainings die Kontrolle über die Ausführung des gegebenen Kommsignals. Kommt der Hund nach einmaliger, entsprechend motivierender Aufforderung freiwillig, freuen Sie sich maßlos (Nachbarn egal!). Kommt er nicht, laufen Sie weg, mit der Leine in der Hand. Sobald er in Ihre Richtung kommt, loben und belohnen Sie, denn Kommen ist positiv!

Berücksichtigen Sie beim Heranrufen auch die Tatsache, dass Hunde Bewegungsseher sind. Stehen Sie in einer Entfernung von 30 bis 40 Metern nur stocksteif und rufen, so kann der Hund Sie nur unscharf wahrnehmen. Sind Sie als Team noch nicht eingespielt, erschweren Sie ihm so das gezielte Kommen (gehen Sie aber bitte nicht sicher davon aus, dass er auch das ruhig stehende Reh in 50 Metern Entfernung nicht wahrnimmt!). Als unverwechselbares Sichtzeichen könnten Sie beispielsweise den hochgestreckten Arm herunterfallen lassen oder die Arme ausbreiten. Letzteres ist vom Pferd aus aber nicht unbedingt sinnvoll. Gerade beim Herankommen geht es auch nicht nur um das mechanisch ausgeführte Zeichen, sondern die sich übertragende Stimmung, die Sie damit signalisieren.

Leinenführigkeit und Freifolge

Korrektes Fußgehen ist dem Welpen noch nicht möglich, da es ihm noch an der nötigen Koordinationsfähigkeit fehlt. Trotzdem ist es sinnvoll, ihm schon jetzt beizubringen, dass es schön ist, neben Ihnen zu laufen. Ob er links oder rechts von Ihnen geht, sei Ihnen überlassen. Wollen Sie mit dem Hund an Prüfungen teilnehmen, ist meist linksseitiges Fußgehen gefordert. Da Sie sich als Reiter im Straßenverkehr auf der rechten Seite bewegen, wäre das Führen des Hundes auf der linken Seite des Pferdes gefährlich. Sinnvoll ist es, Ihrem Reitbegleiter beides beizubringen, damit Sie je nach Erfordernis wechseln können. Als Hörzeichen könnten Sie „Links!" und „Rechts!" benutzen.

Um dem Hund dieses beizubringen, darf er sich erst einmal an das Halsband gewöhnen. Legen Sie es ihm zunächst in angenehmen Situationen, beispielsweise beim Füttern oder Spielen, für kurze Zeit an. Ist es akzeptiert, befestigen Sie die Leine daran und motivieren den jungen Hund beispielsweise mit Leckerchen, neben Ihnen her zu laufen. Achten Sie darauf, dass die Leine locker durchhängt, und halten Sie das Bröckchen genau an der Stelle neben Ihrem Bein, wo der Hund laufen soll. Halten Sie es zu weit vor sich, wird er Ihnen vor die Füße laufen.

Mit freundlicher Zusprache und Leckerchen halten Sie sein Interesse aufrecht. Das Hörzeichen „Fuß!", „Links!" oder Ähnliches wird zunächst nur in dem Augenblick benutzt, in dem der Hund auch wirklich neben Ihnen läuft, damit er wieder sein Handeln mit dem Wort verknüpft. Im Laufe der Zeit ziehen Sie das Futterbröckchen langsam hoch bis vor die Brust um so zu erreichen, dass der Hund Sie anschaut, während er neben Ihnen läuft. Natürlich lassen Sie ihn nicht nur das Bröckchen ansehen, sie müssen ihm gelegentlich auch eines geben! Es ist empfehlenswert, stets mehrere Leckerchen in der Hand zu haben, die nach und nach verfüttert werden, damit die Motivation erhalten bleibt. Es hat sich bewährt, weiches Futter zu benutzen, damit der Hund nicht lange mit Kauen beschäftigt ist. Er wird sonst abgelenkt und kann sich beim Weiterlaufen verschlucken.

Üben Sie zunächst nur auf einer Seite und nehmen die zweite Variante erst hinzu, wenn die erste Übung auch wirklich verstanden ist. Ihr gelehriger Schüler wird bald begriffen haben, von welcher Seite er Sie anhimmeln darf.

Funktioniert es mit Leine, üben Sie das Ganze auch ohne. Viel Zusprache, begehrte Bröckchen und wenig Ablenkung im Umfeld sind für das Gelingen förderlich. Verlängern Sie Minute für Minute die Zeit, die er brav neben Ihnen laufen soll. Halten Sie dabei Ihr Bestechungsmaterial vor der Brust und zeigen es ihm immer wieder (natürlich auch öfter etwas geben!), damit Sie seine ungeteilte Aufmerksamkeit behalten. Bauen Sie zwischendurch Spielpausen zur Entspannung ein!

Korrekte Körpersprache erleichtert Ihrem Hund das Verstehen!

Gestaltet sich das Fußgehen problematisch, ist dies kein Grund zu verzweifeln. Ein speziell für Hunde entwickeltes Kopfhalfter, auch als „Halti" bekannt, kann hier helfen. Näheres dazu erfahren Sie unter dem Punkt „Hilfsmittel".

„Sitz!"

Da bei den Worten „Sitz" und „Platz" oft nachdrücklich das TZ betont wird, wäre zu überlegen, ob Sie das „Sitz" durch „Sit" ersetzen. Ihr Handzeichen fürs Hinsetzen ist der erhobene Zeigefinger. Klemmen Sie sich zwischen Daumen und Mittelfinger ein Futterbröckchen und halten Sie dieses nun mit erhobenem Zeigefinger über den Kopf Ihres Hundes. Futter ist wichtig! Der Vierbeiner wird angestrengt hochschauen und sich dabei früher oder später automatisch hinsetzen. Im gleichen Augenblick hört er Ihr verbales Signal „Sit!", erhält das Bröckchen und wird ausgiebig gelobt. Damit der Hund sich nun nicht alleine aus der Übung entlässt, lösen Sie das Kommando auf, indem Sie ihm mit dem Wort „Frei" oder „Lauf" erlauben aufzustehen. Dieses Auflösen muss zunächst schnell geschehen, da der Hund zu Beginn der Arbeit freiwillig sicher nicht lange sitzen bleibt. Hat er sich aber einmal daran gewöhnt, dass er einfach aufstehen darf, wann es ihm beliebt, ist das im späteren Alltag lästig, manchmal auch gefährlich.

Üben Sie das „Sit!" mehrfach täglich wenige Male hintereinander. Es ist sinnvoll, Ihren Schüler anfangs dazu anzuleinen, damit er sich der Übung nicht entziehen kann. Zusätzlich können Sie Ihr Hörzeichen auch immer dann sagen, wenn Sie beobachten, dass der Hund im Begriff ist sich hinzusetzen. Loben nicht vergessen! Dasselbe gilt fürs „Platz".

„Platz!"

Das Platz ist sozusagen die Lebensversicherung für Ihren Hund! Gelingt es Ihnen, ihn auch in problematischen Situationen auf Entfernung abzulegen, können Sie ihn vor vielen Gefahren bewahren.

Hat sich die Futtermotivation bisher bewährt, dürfte es auch bei dieser Übung kein Problem geben. Wenn wir Ihnen jetzt vorschlagen, dafür vor Ihrem Hund auf die Knie zu gehen, sollen Sie sich nicht unterwerfen oder flehen. Sie sollen ihn nur ein wenig austricksen. Knien Sie ein Bein auf den Boden und strecken das andere vorwärts weg. Der Hund wird nun mit Hilfe eines Bröckchens unter das ausgestreckte Bein gelockt. Die Durchgangshöhe ist der Größe des Hundes anzupassen. Sowie unser Schüler liegt, geben Sie das Hörzeichen „Platz!", er bekommt die Belohnung und wird gelobt. Auch hier nicht vergessen: Hörzeichen auflösen! Als Handzeichen für „Platz" empfehlen wir die flache Hand, die anfangs mit Bröckchen darunter hinter der „Unterführung" steht. Ist die Anfangsübung verstanden, versuchen Sie es ohne Ihre Turnübung, indem Sie die Hand mit Bröckchen darunter in Richtung Boden bewegen. Sie werden viele Leckerchen brauchen, bis es reicht, die Handbewegung nur noch anzudeuten oder gar ein Befolgen des Signals auf Entfernung zu erwarten! Fordern Sie nicht zu schnell zu viel. Üben Sie das „Platz" und „Sit" jedoch häufig und konsequent. Stellen Sie dabei ganz langsam eine gewisse Distanz her, in der die Hör- und Sichtzeichen zu befolgen sind. „Sit" und „Platz" auf Distanz werden Sie bei Ausritten immer wieder brauchen.

Das zuverlässig eingeübte „Bleib!" kann den Hund vor Gefahren bewahren.

„Bleib!"

Die Autotür öffnet sich, Ihr Hund springt hinaus ... da kommt ein anderes Auto...

Hier und bei vielen anderen Gelegenheiten kann ich dem Vierbeiner mit dem Wort „Bleib!" signalisieren, dass er sich nicht von der Stelle zu bewegen hat. In Verbindung mit „Sit!" und „Platz!" scheint dies zwar unnötig, da die Kommandos bis zum Sankt Nimmerleinstag gelten. In der Praxis ist diese Ermahnung jedoch ganz hilfreich.

Üben lässt sich das Bleiben leicht am Futternapf. Halten Sie den am Boden sitzenden Hund im Arm, während Sie mit der anderen Hand den Napf hinstellen. Sagen Sie ihm „Bleib!" und lassen ihn erst in dem Moment zum Futter, in dem er ruhig sitzt. Schnell wird er begreifen, dass „Bleib!" eine lukrative Sache ist. Dem sitzenden oder liegenden Hund

Manchmal hilft es dem Pferd, wenn der Hund vorangeht.

halten Sie die aufrechte Handfläche entgegen und geben dazu Ihr Hörzeichen. Entfernen Sie sich zunächst gar nicht, dann einen Schritt, zwei Schritte rückwärts, gehen Sie langsam um den Hund herum. Bauen Sie die Entfernung ganz langsam auf und holen Sie den Vierbeiner immer wieder ab. Klappt die Übung gut, dürfen Sie beginnen, für wenige Sekunden außer Sicht zu gehen. Der Hund wird beim „Bleib!" immer abgeholt, da dies zusätzliche Sicherheit gibt! Geben Sie nur die Zeichen für „Sitz!" oder „Platz!", kann auch abgerufen werden.

Bauen Sie langsam Ablenkung in die Übung ein, bewegen Sie sich ausgiebig vor dem Hund, lassen Sie Ihre Kinder an ihm vorbeilaufen, rollen Sie Bälle an ihm vorbei, werfen Sie diese über ihn hinweg. Der Fantasie sind da keine Grenzen gesetzt, und je mehr Ihr Hund gegen Umweltreize desensibilisiert wurde, desto sicherer wird er unterwegs sein!

„Voran"

Bei einem Ausritt kann es gelegentlich hilfreich sein, wenn man den Hund vorausschicken kann. Wir kennen beispielsweise Pferde, die Situationen, in denen sie unsicher sind, wesentlich leichter meistern, wenn der vertraute Hund vorgeht.

Hier bietet sich der Futternapf als sehr motivierendes Ziel an. Voraussetzung ist, dass das „Sit!“ vor dem Füttern bereits gut klappt! Setzen Sie Ihren hungrigen Freund also ab und stellen den Futternapf zunächst nur wenige Meter entfernt hin. Dann begeben Sie sich wieder neben den Hund, der ja schon freiwillig in die richtige Richtung schaut, zeigen ihm mit dem Arm klar die Richtung, in die er gehen soll, und sagen „Voran!“ Nutzen Sie langsam aufbauend den Platz, der ihnen für diese Übung zur Verfügung steht. Im Gelände legen oder werfen Sie dann später zunächst ein Bröckchen in die gewünschte Richtung und arbeiten ebenso, bis die Sache verstanden ist.

Hilfsmittel

Neben Halsband und Leine gibt es mittlerweile eine Vielzahl von Hilfsmitteln zum Führen eines Hundes. Einige sind sinnvoll, andere gehören eher als Folterwerkzeuge ins Museum. Hilfsmittel, die Schmerz zufügen, werden grundsätzlich das Vertrauen zwischen Hund und Mensch zerstören. Der Hund lernt vielleicht, dem Schmerz auszuweichen, wird aber niemals zuverlässig reagieren. Es ist nicht Aufgabe des Buches, auf all die unsinnigen Hilfswerkzeuge einzugehen, nur so viel: wer mit Gewalt zu erziehen versucht, hat das Tier nicht im Ansatz verstanden und ist nicht bereit, ernsthaft zu lernen!

Halsband und Leine

Im Fachhandel erhalten Sie ein Halsband- und Leinensystem, welches speziell für das Führen eines Hundes am Pferd konzipiert ist.

Mit dieser speziellen Leine kann der Reiter den Hund vom Pferd aus bequem an- und ableinen.

Der wohlerzogene Hund, der eigentlich nur der Form halber angeleint wird und auch selbstverständlich nicht mehr an der Leine zieht, kann am Pferd mit einer so genannten „Moxonleine“, bei der eine Schlaufe am Ende der Leine das Halsband bildet, geführt werden. Diese Leine ist unterwegs ebenfalls leicht anzulegen. Der Hund trägt in beiden Fällen kein Halsband, wenn er frei läuft, was den Vorteil hat, dass er damit nicht im Gestrüpp hängen bleiben kann. Der Nachteil ist, dass er bei Verlust nicht sofort durch Adresse im Halsband oder Steuermarke identifizierbar ist, was aber bei Ihrem wohlerzogenen Hund hoffentlich nicht passiert. Die Steuermarke und Impfplakette haben Sie am besten im Portmonee.

Für den normalen Gebrauch empfehlen wir ein nicht zu schmales Leder- oder Nylonhalsband. Die Leine darf nicht zu starr sein, sie wäre sonst unhandlich. Sie sollte eine Länge haben, die auf Ihren Hund und Ihr Pferd abgestimmt ist und ein lockeres Nebenherlaufen ermöglicht. Die Länge muss so bemessen sein, dass ein Strangulieren des Hundes oder Hineintreten des Pferdes auszuschließen ist.

Das Kopfhalfter

Bei Hunden, deren Erziehung nicht von Anfang an kontinuierlich betrieben worden ist, besteht häufig ein Problem beim Fußgehen. Hier ist, wenn die Leckerchen-Methode allein nicht den nötigen Erfolg bringt, ein Kopfhalfter eine geeignete Trainingshilfe. Es bewirkt, dass der Hund, da er am Kopf geführt wird, nicht mehr seine ganze Körperkraft zum Ziehen einsetzen kann. In seinem Vorwärtsbestreben muss er sich automatisch seinem Menschen zuwenden, was eine erneute Kontaktaufnahme fördert. Das Kopfhalfter eignet sich auch hervorragend zum Training mit Hunden, die beispielsweise Probleme bei der Begegnung mit Artgenossen haben. Dem unsicheren Hund gibt es zudem eine gewisse Sicherheit.

Das Kopfhalfter

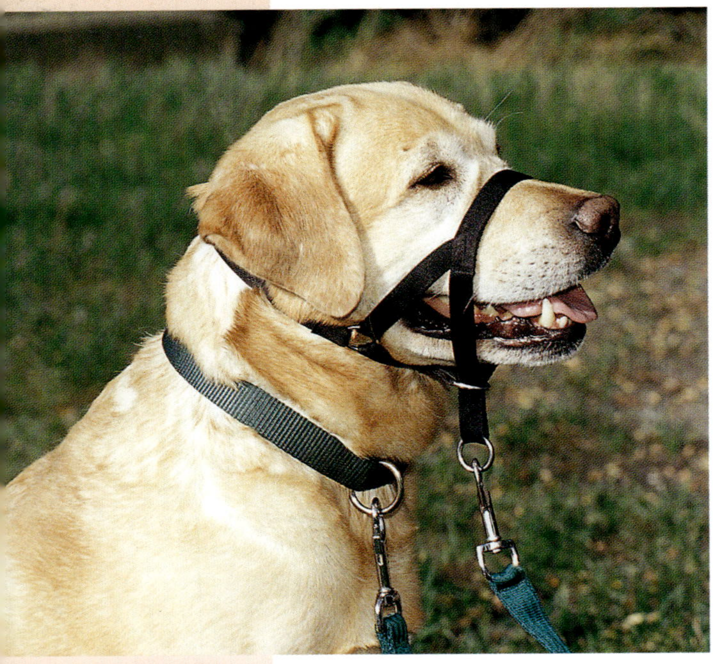

Die Pfeife

Der Wind steht gegen Sie, ein Hubschrauber kreist in der Nähe oder ein Traktor fährt vor Ihnen her, und schon kann der Hund die Stimme seines Menschen kaum noch hören! Einsatz für die Pfeife! Ihre Töne durchdringen Geräuschkulissen, die die menschliche Stimme nicht übertönen kann. Die Arbeit mit Pfeife trägt so zur Sicherheit unseres Hundes und unserer Umgebung bei.

Eine Pfeife, die Sie selbst nicht hören, ist ungeeignet, da Sie Ihren eigenen Pfiff nicht kontrollieren können. Für den Erfolg sind jedoch immer gleiche Pfeifensignale erforderlich. Hilfreich ist eine Pfeife mit Triller und Pfiff, also eine zweiseitige, oder ein Whistle-Set, so lassen sich verschiedene Hörzeichen leichter erarbeiten.

Die Hörzeichen der Pfeife müssen sich ebenso klar unterscheiden wie die verbalen. Sie werden erarbeitet, indem Sie zunächst beide möglichst zeitgleich einsetzen, damit der Hund beide Signale verknüpft. Geben Sie zusätzlich Ihr Handzeichen und prüfen Sie nach eini-

Die lange Leine kann für ein Pferd bedrohlich wirken.

gen Tagen, ob das Pfeifensignal „gespeichert“ ist. Erarbeiten Sie nacheinander das Kommen, das Sitz und das Platz (Triller). Wollen Sie beim Züchter einen Welpen kaufen, so fragen Sie ihn, ob der Welpe bereits auf einen Komm-Pfiff geprägt ist. Es ist ausgesprochen hilfreich, wenn Ihr kleiner Welpe bereits sicher auf Pfiff kommt!

Die lange Leine

Je pfiffiger Ihr Hund ist, um so schneller wird er herausgefunden haben, dass sein Mensch ganz schön langsam und manchmal auch etwas reaktionsschwach ist. Er wird bald feststellen, dass er in angemessener Entfernung eigentlich tun kann, was er will. Genau dieses Problem sollten Sie verhindern!

Lassen Sie ihn vielmehr erfahren, dass Sie allgegenwärtig sind und auch auf einer größeren Distanz Schandtaten verhindern können.

Eine dünne circa zehn Meter lange Leine, die am Halsband befestigt einfach mitschleift, verleiht Ihnen diese Macht! Egal ob er nur einfach nicht kommen möchte oder gerade ansetzt um die Hinterlassenschaften von Nachbars Katze zu entsorgen, Sie haben die Sache schnell im Griff.

7

Die Arbeit mit **Hund** und **Pferd**

Ihr Pferd hat Vertrauen zu Ihnen, es ist sicher, freundlich und gut erzogen, es respektiert Sie als Herdenchef. Der Hund ist ihm bereits vertraut, es zeigt weder Angst noch Aggression ihm gegenüber. An Hilfsmittel, wie Leine und Pfeife, ist es gewöhnt.

Ihr Hund hat eine enge Bindung an Sie. Alle Sicht- und Hörzeichen beherrscht er mit und ohne Leine, sein Gehorsam ist auch in schwierigen Situationen zuverlässig. Dem Pferd gegenüber zeigt er sich freundlich oder neutral, ein gewisser Respekt ist hilfreich. Gehorsamsübungen im Stall sind für ihn Alltag.

Haben Sie diese idealen Voraussetzungen erreicht, beginnt die gemeinsame Arbeit mit Hund und Pferd. Damit die Reaktionen beider Tiere stets sofort zu kontrollieren und gegebenenfalls zu korrigieren sind, empfiehlt sich bei der Erarbeitung jedes neuen Trainingsschrittes die Anwesenheit einer Hilfsperson. Bauen Sie die Arbeit langsam auf! Es kann nicht das Ziel sein, drei Tage früher ins Gelände zu kommen. Vielmehr geht es darum, dass das Miteinander selbstverständlich und somit stressfrei wird.

Bodenarbeit

Für Ihren Hund, der sich während seiner bisherigen Erziehung ja im Allgemeinen auf gleicher Ebene mit Ihnen befand, wird es erst einmal ungewohnt sein, wenn Sie ihn vom Pferd aus dirigieren. Beginnen Sie das Training deshalb zunächst auch auf der Ebene des Hundes.

Wählen Sie einen möglichst reizarmen Ort, beispielsweise die Reitbahn, und eine Zeit, in der sich möglichst keine anderen Reiter dort aufhalten. Lassen Sie zunächst Ihr Pferd von einer Hilfsperson führen, und führen Sie selbst den Hund. Da der Hund im Straßenverkehr an der rechten Seite des Pferdes laufen sollte, ist es sinnvoll, dies von vornherein auch so zu üben. Stellen Sie sich rechts neben Ihr Pferd, der Hund sitzt an Ihrer linken Seite, also zwischen Ihnen und dem Pferd. Mit dem Hörzeichen „Fuß!" oder Ähnlichem gehen Sie nun zu viert los. Gehen Sie einige Runden, dann kreuz und quer durch die Bahn. Gelegentlich bleiben Sie stehen, Ihr Hund steht oder sitzt dann ruhig neben Ihnen und wartet brav, bis es weiter geht. Strahlen Sie Ruhe und Gelassenheit aus, denken Sie an die Stimmungsübertragung!

Klappt die Übung mit Leine, setzen Sie sie ohne Leine fort. Sparen Sie nicht mit Lob für beide Vierbeiner, und achten Sie vor allem auf die Konzentrationsfähigkeit der beiden. Beenden Sie Ihre Trainingseinheiten stets bevor eines der Tiere beginnt unruhig zu werden. Ist das Nebeneinandergehen kein Problem mehr, setzen oder legen Sie den Hund gelegentlich ab und gehen mit dem Pferd weiter. Der Hund wird zunächst wieder abgeholt, im nächsten Schritt auch herangerufen. Dazu bleiben Sie mit dem Pferd ruhig stehen, rufen den Hund heran, der sich dann, bevor es weiter geht, wieder an Ihre Seite setzt. Denken Sie beim Heranrufen des Hundes daran, dass das Blickfeld eines Pferdes zwei tote Winkel hat, die sich unmittelbar vor und hinter seinem Körper befinden. Es ist also sinnvoll, den Hund seitlich herankommen zu lassen, damit das Pferd nicht erschrickt. Möchten Sie mit Pfeife arbeiten, nehmen Sie diese im Übungsverlauf dazu. Sie muss ja nicht gleich mit voller Kraft betätigt werden.

Steigern Sie nun die Ablenkung. Sie können draußen auf dem Reitplatz üben und einen sicheren Reiter bitten, sich mit seinem Pferd in Ihrer Nähe zu bewegen. Sie gehen dabei mit Pferd und Hund spazieren. Wann für diesen Übungsschritt der Helfer entbehrlich wird, können nur Sie selbst entscheiden. Wichtig ist, dass Sie sich dabei sicher fühlen.

Training auf dem Pferd mit Helfer

Ist das gemeinsame Führen sozusagen „kalter Kaffee“, dürfen Sie endlich aufs Pferd. Diesmal übernimmt die Hilfsperson den Hund, indem sie zunächst mit lockerer Leine einfach nur als Sicherheitsfaktor rechts neben ihm geht. Alle Hör- und Sichtzeichen kommen von Ihnen! Ihr Helfer soll nur im Notfall eingreifen um Ungehorsam zu vermeiden.

Zu Beginn des Trainings kann der Abstand ruhig reichlich bemessen sein.

Mit dem gewohnten Hörzeichen reiten Sie an und Ihr Hund geht brav neben Ihnen her. Reiten Sie zunächst nur im Schritt, ändern Sie die Richtung und das

Diese drei brauchen keine fremde Hilfe mehr. (Man beachte den Gleichschritt!) Es ist sehr hilfreich, wenn der Hund rechts und links zu führen ist.

Der Hund lernt, aufmerksam und mit gebührendem Abstand neben dem Pferd zu gehen.

Vor dem ersten Ausritt sollte die Freifolge auf dem Platz zuverlässig sein.

Tempo, bleiben Sie gelegentlich stehen. Dabei setzt oder stellt sich ihr Hund an die Seite des Pferdes. Klappt alles gut, dürfen Sie ruhig einmal die Gangart wechseln und ein wenig traben, mit Rücksicht auf den netten Helfer, versteht sich.

Übernehmen Sie nun selbst die Leine und lassen Sie Ihren Helfer etwas in den Hintergrund treten. In problematischen Situationen sollte er noch eingreifen können. Steigern Sie langsam die Anforderungen, auch bezüglich der Umgebung und der damit verbundenen Ablenkung.

Mit dem frei laufenden Hund arbeiten Sie ebenso, wie Sie bisher geübt haben. Gehen Sie zunächst nur im Schritt, ändern Sie zunehmend Richtung und Gangart, setzen Sie den Hund gelegentlich ab um ihn dann wieder zu holen oder heranzurufen. Steigern Sie die Außenreize.

Üben Sie in Anwesenheit Ihres Helfers auch Alltagssituationen, in denen der Gehorsam Ihres Hundes auf harte Proben gestellt wird! Bitten Sie beispielsweise einen anderen Hundebesitzer mit Hund vorbei zu gehen, lassen Sie jemanden einen Ball werfen (bitte nicht das Pferd treffen), reiten Sie an den Stallkatzen vorbei. Üben Sie das Passieren des fremden Hundes auch, wenn Ihr Hund in einer gewissen Distanz zu Ihnen abgesetzt ist. Später wird er draußen nicht immer dicht neben Ihnen sein, wenn starke Ablenkung ins Spiel kommt. Ähnliche Übungen können Sie auch bereits im Vorfeld oder mal zwischendurch am Fahrrad machen. Auch hier bewegen Sie sich ja auf einer anderen Ebene als der Hund.

Trainieren Sie, dass der Hund alleine am Rande der Reitbahn liegen bleibt, während Sie reiten. Strapazieren Sie dabei seine Geduld zunächst nicht zu sehr. Anfangs kann Ihr Helfer eingreifen, wenn der Hund von sich aus aufstehen sollte. Arbeiten Sie alleine, sollten Sie ihn jedes Mal konsequent an den Platz zurückbringen, wenn er sich selbständig entfernt hat, auch wenn es lästig ist.

Selbständige Arbeit mit Hund und Pferd

Bei guter Vorarbeit und wesensstarken Hunden und Pferden (und Reitern) wird Ihr freundlicher Helfer bald überflüssig sein. Spendieren Sie ihm ein Abendessen und arbeiten Sie nun alleine weiter. Sollten Sie nun die Idee haben, weil alles so gut klappt, die Sache lockerer anzugehen als bisher, seien Sie gewarnt. Allzu leicht schleichen sich Fehler ein, die später nur mit intensiver Arbeit zu beheben sind.

Nicht nur der Mensch ist ein Gewohnheitstier, bestimmte Abläufe im Alltagsgeschehen und Regeln, die konsequent einzuhalten sind, erleichtern auch den Umgang mit dem Tier. Es ist hilfreich, wenn Ihr Hund beispielsweise weiß, dass er beim Putzen des Pferdes immer an einer bestimmten Stelle liegen zu bleiben hat, dass er grundsätzlich neben dem Pferd sitzen oder stehen bleibt, bis Sie beschließen, dass es losgeht, oder dass es grundsätzlich verboten ist, in der Reitbahn zu spielen. Auch wenn es Ihnen im Moment manchmal kleinlich vorkommen mag, eine gewisse Konsequenz im Ablauf von Alltagssituationen lässt das Miteinander stressfreier werden und erhöht gerade in diesem Umfeld die Sicherheit enorm.

Allein auf sich gestellt, ohne Helfer, kommt jetzt die Stunde der Wahrheit. Es zeigt sich nun, ob Ihre Sicht- und Hörzeichen gut erarbeitet sind und ob Freund Hund sie auch zuverlässig ausführt, wenn Ihre Einwirkungsmöglichkeit sich vom Pferd aus ziemlich in Grenzen hält. Beginnen Sie wieder in einem reizarmen Umfeld, sprich der einsamen Reitbahn, und steigern Sie die

Das „Platz!“ muss funktionieren!

Und wieder: „Platz!“

Auch auf wenig befahrenen Straßen sollte der Hund kontrolliert neben dem Pferd gehen.

Anforderungen wie im bisherigen Training. Nutzen Sie bekanntes, sicheres Gelände, beispielsweise um den Stall herum, so können Sie verschiedene Situationen ausprobieren. Arbeiten Sie sich langsam in neue Gefilde vor, indem Sie etappenweise die Umgebung erobern.

Nach und nach können Sie Ihrem Hund nun zugestehen, dass er sich in einem gewissen Radius um Sie herum frei bewegt. Beobachten Sie auf Spaziergängen sehr gut, wie weit die Entfernung Ihres Hundes sein darf, damit er noch zügig und zuverlässig auf Ihre Anweisungen reagiert. Haben Sie stets das Umfeld im Auge, um auf eine zu erwartende Reaktion des Hundes bereits im Vorfeld reagieren zu können! Berücksichtigen Sie, welche Aktionen des Hundes das Pferd ertragen kann, ohne in Stress zu geraten. Ihre Reiterei soll entspannende Freizeit sein, kein zusätzlicher Stressfaktor!

Überlegen Sie, bevor Sie eine Strecke reiten, welche Besonderheiten es dort gibt, die Pferd oder Hund aus der Fassung und eventuell aus der Kontrolle bringen könnten. Stehen beispielsweise irgendwo Schafe, die Pferd oder Hund noch nie gesehen haben? Gibt es irgendwo eine Baustelle, die schwierig zu passieren sein könnte? Müssen Sie an einem Hof vorbei, auf dem Hunde mit etwas überzogenen territorialen Ansprüchen leben? So lange das Zusammenspiel Ihres Trios noch nicht perfekt ist, wird es die Sache erleichtern, besondere Problemsituationen zu umgehen.

Reizintensive Hindernisse werden grundsätzlich im Schritt passiert. Bleiben Sie gegebenenfalls stehen oder steigen Sie ab, wenn die Situation es erfordert. Das könnte der Fall sein, wenn Hunde entgegenkommen, die Ihrem Team nicht freundlich gesonnen sind. Immerhin müssen Sie sich immer auf zwei sehr unterschiedliche Tiere gleichzeitig konzentrieren.

Einige Grundlagen sollten Sie ganz bewusst immer wieder in stressfreier Situation üben, auch wenn sie nicht so oft vorkommen. Sogar wenn Sie drei längst ein Profiteam sind! Dazu gehört das Ablegen oder Absetzen des Hundes, um selbst ein Stück voraus zu reiten, und das zügige Absetzen oder Ablegen auf Entfernung, natürlich so lange, bis der Hund abgerufen oder abgeholt wird. Vor Wegkreuzungen oder Biegungen brauchen Sie diese Übung immer, da Sie vor dem Hund die neue Situation im Blick haben sollten. Selbst wenn Sie selten Straßen oder belebte Wege passieren, der Hund also meist frei herumwuseln kann, raten wir dringend, auch das Fußgehen am Pferd nicht zu vernachlässigen! Es wird immer Momente geben, in denen Sie froh sind, dass Ihr Hund es zuverlässig beherrscht.

Beobachten Sie Ihre Vierbeiner besonders in dieser Anfangsphase sehr bewusst! Bemerken Sie Probleme in Bezug auf Umweltreize oder im allgemeinen Gehorsam, sollten Sie, nicht zuletzt zur eigenen Sicherheit, schnell reagieren und jene Dinge noch einmal einzeln üben.

Ausritte in der Gruppe

Mit Pferd und Hund unterwegs zu sein ist sicher schön, gelegentlich diese Zeit auch noch mit netten Menschen zu teilen wäre nicht verkehrt. Sobald Ihr Team also fit ist, bitten Sie einen Reiter mit einem sehr sicheren und freundlichen Pferd, Ihr Training zu bereichern. Es ist sinnvoll, wieder in ruhiger, für alle Tiere gewohnter Atmosphäre zu beginnen. Berücksichtigen Sie, dass das andere Pferd nicht die Hundeerfahrung hat, die Sie bei dem Verhalten des eigenen zu Grunde legen können. Geben Sie ihm die Gelegenheit, das Ganze zunächst aus der Entfernung zu betrachten und sich langsam an die Begleitung des Hundes zu gewöhnen. Vermeiden Sie plötzliche Aktionen des Hundes.

Auch wenn Sie sich sehr sicher fühlen und Ihre Tiere sich Ihren Erwartungen entsprechend verhalten, bitte steigern Sie auch hier die Anforderungen langsam! Es wäre einfach zu schade, wenn das so gewissenhaft erarbeitete Zusammenspiel durch ein Negativerlebnis zurückgeworfen würde, obwohl man dieses hätte vorhersehen können. Egal wie sicher und gut ausgebildet Ihre Tiere auch sind, es lässt sich nicht jedes Restrisiko ausschließen. Durch gut geplanten Übungsaufbau können Sie unnötige Rückschläge verhindern.

Stellen Sie nun langsam die Normalsituation her. Hat Ihr Hund akzeptiert, dass auch andere Pferde dabei sind, können Sie den Ausritt in der Gruppe wagen. Vergewissern Sie sich, dass keines der Pferde besondere Angst vor Hunden hat. Um den eigenen Hund und andere Reiter und Pferde nicht unnötig zu gefährden, empfiehlt es sich, am Rande der Gruppe zu reiten. Der Hund geht dabei an der Außenseite. Ob dies vorne, hinten oder seitlich geschieht, hängt von den jeweiligen Erfordernissen ab. Stellen Sie fest, dass eines der beteiligten Pferde durch die Nähe Ihres Hundes nervös wird, wechseln Sie schlicht die Position. Denken Sie auch hier wieder an die toten Winkel im Blickfeld des Pferdes! Für ein eher unsicheres Pferd kann es schon problematisch sein, wenn Ihr Hund immer wieder vor oder hinter ihm aus dem Sichtfeld verschwindet um dann plötzlich wieder aufzutauchen.

Bei Ausritten in der Gruppe sollte ein Hund sich grundsätzlich in unmittelbarer Nähe seines Menschen aufhalten. Das ständige Wuseln um die Gruppe herum, übermütiges Herankommen, am besten noch einen wunderschönen langen Stock apportierend, oder gar der Versuch, mit Reitern, die dem Hund gut bekannt sind, Kontakt aufzunehmen, könnte Ihren Mitreitern das Leben ganz schön schwer machen!

Um die gute Stimmung nicht zu gefährden, sollten Sie vor Antritt des Rittes mit Ihren Mitreitern besprechen, welchen körperlichen Anforderungen der Hund gewachsen ist, damit man sich beispielsweise auf die Länge des Ausritts einigen kann. Ein wichtiger Punkt sind auch eventuell zu erwartende Problemsituationen im geplanten Streckenverlauf oder der Hinweis auf Situationen, die Sie als hundeführender Reiter im Schritt passieren müssen.

Im Allgemeinen wird es so sein, dass andere Hunde, die beim Ausritt mitgehen, Ihnen und Ihren Tieren bekannt sind. Gerade bei noch relativ jungen oder sehr temperamentvollen Hunden empfiehlt es sich, sie vor dem Ritt ein wenig toben zu lassen, damit sie sich danach wieder auf das Wesentliche konzentrieren können. Sollten sich die Hunde nicht so gut verstehen, dient es der stressfreien Freizeitgestaltung ungemein, wenn Sie sie freiwillig an der Leine mitführen. Hunde, die sich noch nicht kennen, sollte man vor dem gemeinsamen Ritt Kontakt zueinander aufnehmen lassen.

Der weit verbreiteten Unart, Hunde an der Leine aneinander zu führen, werden Sie sich hoffentlich nicht anschließen! Der angeleinte Hund kann kein normales Sozialverhalten zeigen. Er ist durch die Leine eingeengt, kann also beispielsweise nicht ausweichen oder fühlt sich furchtbar stark, weil er ja seinen Boss an der Leine hat. Wer also weiß, dass er einen „Möchtegerngrizzly“ sein Eigen nennt, lässt ihn schlicht angeleint und hält ihn eben fern von Artgenossen (jedenfalls in diesem sensiblen Umfeld!), grundsätzlich friedliche Hunde begegnen sich ohne Leine!

Ausritt in der Gruppe

Problem- und Gefahrensituationen

8

Auch wenn einige der folgenden Punkte schon einmal angesprochen wurden, möchten wir an dieser Stelle noch einmal auf Verhaltensweisen oder Situationen hinweisen, denen Sie besondere Beachtung schenken sollten.

Hunde ohne Aufsicht

Spielende Hunde bieten dem Beobachter oft ein Bild, dass das Herz erfreut! Weniger erfreut ist der noch unsichere Reiter oder der Reiter mit unsicherem Pferd, dem die Vierbeiner netter Reitkollegen zwischen den Hufen herjagen! Nicht jedes Pferd ist nervenstark genug, plötzlich auftauchende Hunde zu ignorieren, und wir können auch nicht davon ausgehen, dass der Mensch, der darauf sitzt, mit der Situation zurecht kommt. Was passieren kann, wenn beispielsweise gerade ein Kind in vermeintlich sicherer Situation auf dem Pferd sitzt, wenn Ihr Hund im Spiel vertieft um die Ecke sprintet, müssen wir hier sicher nicht ausmalen! Gewiss gibt es viele Pferde, für die Hunde so zum Alltag gehören, dass sie kaum noch Notiz von ihnen nehmen und sich schon gar nicht von ihnen erschrecken lassen. Selbst wenn Sie sich mit Ihrem Hund normalerweise in einem solchen Umfeld bewegen, bedenken Sie bitte, dass auch ein Pferd mal mit dem linken Huf zuerst aufgestanden sein könnte.

Zu viel Vertrauen

Wie Hund und Katze sehr vertraut miteinander sein können, den Schlafplatz teilen und miteinander spielen können, so kann es auch ein sehr vertrauensvolles Miteinander von Hund und Pferd geben. Während der Hund, der zu vertrauensselig die fremde Katze zum Spiel auffordert, meist mit blutiger Nase davon kommt, könnte er beim falschen Pferd ziemlich schlechte Karten haben.

Ein dezenter Tritt, den eine uns bekannte Reiterin beim Ausritt kaum zur Kenntnis nahm, beendete nicht nur den unvorsichtigen Annäherungsversuch einer fremden Schäferhündin, sondern auch das Leben der Hündin. Die Hündin hatte sich weit von ihrer Besitzerin entfernt und sich, unbemerkt von der Reiterin, direkt hinter dem Pferd aufgehalten.

Hunde, die beim eigenen Pferd sozusagen Narrenfreiheit haben, müssen lernen, dass sie grundsätzlich Respekt vor diesen Tieren haben müssen. Versuchen Sie, den Hund im Umgang mit Pferden immer in einer gewissen Distanz zu halten. Darf er „seinem" Pferd zwischen den Beinen herumwuseln, kann schon eine

Dieser Hund ist viel zu dicht hinter dem Pferd!

dumme Verwechslung tödlich sein. Ist er gewöhnt, dass „sein" Pferd freundliches Lefzenstupsen und Lecken gelassen hinnimmt, wird er vielleicht in der Nachbarbox bei einem ähnlich gemeinten Begrüßungsversuch sein blaues Wunder erleben.

Auch Pferd und Reiter kann diese zu große Vertrautheit Kopf und Kragen kosten. So versuchte die Berner Sennenhündin eines Bekannten während eines Galopps im Gelände, das Pferd zum Spiel zu animieren. Übermütig packte sie nach einem Vorderbein des Pferdes, woraufhin sich Pferd und Reiter heftig überschlugen, zum Glück ohne ernsthafte Folgen. Achten Sie also auf Respekt und Distanz, im eigenen Interesse und zum Schutz Ihrer Tiere!

Zu viel Freiheit

Mancher Hund ist glücklich und zufrieden, darf er brav neben Ihnen herlaufen, andere haben einen permanenten Drang, ihre Umwelt zu erforschen, und zischen wie Pfeile durch die Landschaft. Ein solches Temperamentbündel wird Ihre Konzentrations- und Reaktionsfähigkeit natürlich viel mehr beanspruchen als der ruhigere Begleiter. Es fällt ihm oft schwer, gesittet neben Ihnen zu bleiben, und Sie werden immer wieder damit zu kämpfen haben, den Aktionsradius überschaubar zu halten. Manch gewiefter Vierbeiner lässt so rein zufällig den Abstand immer größer werden, andere nutzen jeden Umweltreiz um spontan davon zu schießen und ihren Menschen mit irritiertem Blick zurückzulassen.

Ihr Ziel sollte es nicht nur sein, den Hund stets in einer Entfernung zu halten, in der er sich problemlos von Ihnen beeinflussen lässt. Der eigenen Sicherheit dient es auch kolossal, wenn Ihr Wirbelwind nicht plötzlich neben Ihnen und Ihrem Pferd durchs Gebüsch kracht oder mal eben von hinten vorbei geflogen kommt. Auch ein sehr ausgeglichenes Pferd ist nicht immer auf die Spontaneität „seines" Hundes gefasst und kann sich heftig erschrecken. Waren Sie in diesem Moment nicht auf die Reaktion Ihres Pferdes gefasst, sitzen Sie eventuell dort, wo selbiges eben noch stand.

Gerade bei Hunden mit besonders stark ausgeprägter jagdlicher Motivation sollten Sie im Gespräch bleiben, also die Aufmerksamkeit immer wieder auf sich lenken, um von Umweltreizen abzulenken. Durch häufige freundliche Ansprache, gelegentlich auszuführende Kommandos oder durch Futterbröckchen, die dem Hund zugeworfen oder auch an den Wegrand geworfen werden, wird der Vierbeiner beschäftigt.

Wenn mehrere Hunde den Ausritt begleiten und zu stöbern oder Wild zu hetzen beginnen, kann es passieren, dass Ihr Hund sich mitziehen lässt, auch

Das hätte ins Auge gehen können!

wenn er sonst nicht dazu neigt! Nur der Hund mit sehr enger Bindung an seinen Menschen und sorgfältig erarbeitetem Gehorsam wird sich vom gemeinschaftlichen Jagdausflug abhalten lassen!

Beobachten Sie sehr bewusst das Geschehen um sich herum! Die Kunst im Umgang mit Tieren besteht nicht zuletzt darin zu agieren, bevor Ihr Tier auf Umweltreize reagiert!

Der leidenschaftliche Apportierer

Mancher Hund scheint nicht komplett, wenn er keine Beute mit sich herumträgt. Grundsätzlich ist gegen diese Eigenschaft nichts einzuwenden, solange die Beute sich größenmäßig im Rahmen hält. Der Zaunpfahl, mit dem er bei einer freudigen Drehung das gesamte Umfeld von den Füßen holt, ist eher kontraproduktiv! Nennen Sie einen arbeitssüchtigen Apportierhund Ihr Eigen, sollten Sie ihm von vornherein beibringen, welche Gegenstände nicht apportiert werden. Die Begeisterung Ihres Hundes, der beim Ausritt mit dem halben Baumstamm neben Ihnen herlaufen möchte, werden weder Sie noch Ihr Pferd teilen, wenn jenes Teil ihm um die Beine schlägt.

Nehmen Sie lieber gleich ein Spielzeug mit, das der Hund tragen darf. Lässt er dies unterwegs gelegentlich liegen und vergisst es dann, können Sie

Ausritt oder Hindernislauf?

nen, konsequent an einer Seite oder hinter dem Pferd laufen. Letzteres bedarf besonderer Vorbereitung mit einer Hilfsperson, da hier der Abstand von noch lebenswichtigerer Bedeutung ist als sonst. Besonders wenn man mit mehreren Pferden unterwegs ist, bringt unkontrolliertes Hüten und Treiben Stress und Gefahr mit sich.

Bestand die ursprüngliche Aufgabe des Hundetyps, den Sie besitzen, beispielsweise im Treiben von Rindern, haben Sie oft damit zu kämpfen, dass Ihr Begleiter dies auch beim Pferd versucht, indem er ihm in die Beine zwickt. Da ein Pferd das meist nicht witzig findet, begibt der Hund sich mit solchen Aktionen in Gefahr. Bewährt hat sich hier ebenfalls die „Beute am Band“-Methode (C. Orth). Machen Sie ein Spielzeug besonders attraktiv und hängen Sie es ans Halsband. Apportiert er das sonst lästig vor den Beinen baumelnde Bringsel, ist gleichzeitiges Zwicken relativ schwierig!

überlegen, ob man es mit einer Schnur am Halsband befestigt. Lässt er nun das Bringsel liegen, baumelt es ihm lästig vor den Beinen. Schnell wird er lernen, dass man diesen unpraktischen Zustand durch erneutes Aufnehmen des Apportels beenden kann. Somit ist Ihr Freund beutemäßig völlig ausgelastet und Ihr Pferd braucht keine Schienbeinschoner.

Hütende und treibende Hunde

Hunde, die auf Grund ihrer Veranlagung ständig das Bedürfnis haben, alles zu hüten, was sich bewegt, sollten ebenso wie jene, die dazu neigen sich zu entfer-

Begegnungen mit fremden Hunden

Weite Landschaften, in denen man keine Menschenseele trifft, sind in unseren Breiten eher selten. Es ist wohl die Normalsituation, dass wir bei Ausritten auf andere Menschen und ihre Hunde stoßen. Die Erfahrung zeigt, dass viele Hundebesitzer das Verhalten ihres Vierbeiners nicht zu deuten vermögen und es schon gar nicht in befriedigender Weise beeinflussen können. Selbst wenn Ihre eigenen Hunde ausgesprochen wohlerzogen und friedlich sind, müssen Sie davon ausgehen, dass es bei Begegnungen mit anderen Hunden Probleme

Aneinander vorbei gehen: mit wohlerzogenen Hunden kein Problem!

geben kann. Ein befreundeter Förster begegnete bei einem Ritt durchs Revier einer Dame mit fünf angeleinten Berner Sennenhunden. Wer mit einer solchen Anzahl großer Hunde gleichzeitig spazieren geht, wird davon überzeugt sein, diese auch im Griff zu haben.

Dieser Überzeugung wurde die gute Frau in dem Augenblick beraubt, als ihre Hunde die Vorstehhündin des Försters entdeckten und mit geballter Kraft auf diese zustürzten. Die Bodenhaftung der Hundeführerin war auf den folgenden Metern eher mangelhaft. Reiter, Pferd und Vorstehhund blieben unverletzt, was sicher dem souveränen Auftreten des hundeerfahrenen Reiters zu verdanken war.

Beobachten Sie bei einem normalen Spaziergang oder Ritt einmal, wie viele Hundebesitzer wirklich in der Lage sind, den frei laufenden Hund davon abzuhalten, zu einem anderen Hund hinzulaufen. Sie müssen also immer damit rechnen, dass Sie nicht einfach an Spaziergängern mit Hund vorbeireiten können, ohne davon tangiert zu werden. Das Verhalten des fremden Hundes sowohl Ihrem Hund als auch dem Pferd gegenüber ist nie mit Sicherheit vorauszusehen. Sind Sie nicht ganz sicher, dass Ihr Hund bei Ihnen bleibt, leinen Sie ihn im Vorfeld an. So signalisieren Sie auch dem entgegenkommenden Hundebesitzer, dass Sie den Kontakt der Hunde vermeiden möchten. Ihr nicht reitendes

Gegenüber wird eher hoffen, dass sein Hund auf einen Spielkameraden trifft. Er wird nicht unbedingt von selbst auf die Idee kommen, dass wildes Hundespiel oder gar eine Rauferei zwischen den Hufen des Pferdes nicht angebracht ist.

Bleiben Sie gegebenenfalls stehen, lassen Ihren Hund Sitz oder Platz machen und ermöglichen den Spaziergängern, mit ihren Hunden vorbeizugehen. Bedenken Sie bitte, dass viele Menschen Angst vor Pferden haben und sich nicht dicht an ihnen vorbei trauen.

Wenn Ihre Einwirkungsmöglichkeiten in gewissen Situationen vom Pferd aus relativ schlecht erscheinen, empfehlen wir abzusteigen, um so die Situation besser beeinflussen zu können. Es ist oft nicht nur der fremde Hund, der unkontrolliert reagiert, es gibt häufig auch Probleme mit unerfahrenen Hundebesitzern, die durch ihre eigene Reaktion zum Problemfaktor werden. Auch hier lässt sich auf gleicher Ebene manches besser regeln, als wenn Sie „vom hohen Ross“ aus agieren. Es ist nicht Schwäche, in solchen Situationen abzusteigen, sondern es zeigt Verantwortungsgefühl und angemessene Souveränität.

Straßenverkehr

Wenigen Reitern wird es vergönnt sein, sich nur in Feld, Wald und Wiese bewegen zu dürfen, ohne zumindest Straßen überqueren zu müssen. Straßen, auch wenig befahrene, sind immer ein Gefahrenpunkt. Haben Sie vor, eine Straße zu passieren, empfiehlt es sich, den Hund rechtzeitig anzuleinen, um nicht bei bereits nahendem Autoverkehr in Stress zu geraten (Stimmungsübertragung!). Ist es notwendig, dass Sie am Straßenrand stehen bleiben um Autos vorbeifahren zu lassen, macht es sich bezahlt, wenn Ihr Pferd gelernt hat, längere Zeit still zu stehen. Mit angeleintem Hund auf einem unruhig tänzelnden Pferd an befahrener Straße warten zu müssen fördert nicht gerade den Erholungswert des Ausritts.

Ist es erforderlich, ein Stück auf der Straße zu reiten, sollten Sie den Hund unbedingt auf der rechten, vom Verkehr abgewandten Seite führen. Reiten Sie möglichst am Rand, um den Verkehr nicht unnötig aufzuhalten.

Rechnen Sie immer mit unreflektierten Reaktionen von anderen Verkehrsteilnehmern, beispielsweise hupenden Autofahrern oder klingelnden Radfahrern, die von hinten an Ihnen vorbei rasen. Bleiben Sie notfalls stehen und lassen andere erst einmal passieren. Beachten Sie bitte, dass Hunde meist innerhalb geschlossener Ortschaften an der Leine zu führen sind.

Veranstaltungen

Bei Reitturnieren, Pferderennen oder Jagden liegt immer eine gewisse Spannung in der Luft, die teilnehmenden Reiter und Pferde sind aufgeregt. Zusätzlicher Stress durch herumwuselnde Hunde ist nicht nötig! Jeder ist mit sich, seinem Pferd oder dem eigentlichen Geschehen beschäftigt, und die Gefahr, dass es durch unbeaufsichtigte Hunde zu Unfällen kommt, ist groß. Tun Sie deshalb sich und allen Beteiligten den Gefallen und halten Ihren Vierbeiner unter Kontrolle! Lassen Sie ihn lieber zu Hause, wenn Sie wissen, dass Sie sich bei einer solchen Veranstaltung nicht ausreichend um ihn kümmern können.

Ein Schlusswort

Wir hoffen, Ihnen in diesem Buch einige brauchbare Anregungen gegeben zu haben, wie Sie Ihre Freizeit mit Pferd und Hund gelassen genießen können. Wir wünschen Ihnen viel Spaß mit Ihren Vierbeinern und bitten Sie, dabei niemals die Sicherheit außer Acht zu lassen.

Auch wenn bei den Fotos aus optischen Gründen meist auf die Reitkappe verzichtet wurde, legen wir Ihnen dringend ans Herz, dies im richtigen Leben nicht zu tun!

Literaturverzeichnis:

Bloch, Günther:
Der Wolf im Hundepelz
Berlin/Bonn: Westkreuz-Verlag, 1998

Bloch, Günther:
Der Familienbegleithund im modernen Hausstand
Berlin/Bonn: Westkreuz-Verlag, 2001

Feddersen-Petersen, Dr. Dorit:
Hundepsychologie
Stuttgart: Franckh, 1986

Hoefs, Nicole/Führmann, Petra :
Das Kosmos Erziehungsprogramm für Hunde
Stuttgart: Kosmos, 1999

Führmann, Petra/Hoefs, Nicole:
Erziehungsspiele für Hunde.
Stuttgart: Kosmos, 2002

Morris, Desmond:
Warum scharren Pferde mit den Hufen?
2. Aufl. München: Heyne, 1994

Niepel, Dr. Gabriele:
Welpenspielstunde
Cham: Müller Rüschlikon, 2001

Parelli, Pat:
Natural Horse-Man-Ship
Colorado Springs: The Western Horseman, Inc. 1. Aufl. Lizenznehmer: Kierdorf Verlag, 1995

Schewick, Manuela van:
Labrador Retriever
München: Augustus Verlag, 2000

Trumler, Eberhard:
Mit dem Hund auf du
München: Piper-Verlag, 1996

Zimen, Dr. Eric:
Der Hund
München: Bertelsmann-Verlag, 1988

Videos:
Hoefs, Nicole/Führmann, Petra/Lübbe-Scheuermann, Perdita:
Das Kosmos Erziehungsprogramm für Hunde
Stuttgart: Kosmos Verlag, 2001

Niepel, Dr. Gabriele:
Welpenprägungsspieltage
Hafner Film & TV, 2000